夢を失わない生き方

米田明弘
YONETA AKIHIRO

幻冬舎 MC

プロローグ

聖書にはこんな言葉があります。

『わたしの目には、あなたは高価で尊い。
わたしはあなたを愛している（イザヤ書　43章4節）』

これは神からの啓示を受けたイザヤという預言者が、人々に神からのメッセージを伝えた一節です。このように聖書では「人は生まれながらに尊い存在である」と定義づけられています。誰もがこの世に生まれてきたときから価値がある、ということです。

ですから「○○になりたい」と思う必要はありません。

昨今では、「やりたいことが分からない」「夢がない」という悩みを抱える人も少なくありません。また「今の自分」ではなく、憧れる自分になることができれば、きっと幸せになれる、と思い込んでいる人もいます。これらの悩みの奥には、「今の自分」ではない、何かにならなければいけないという誤った思い込みがあります。

あまりに自己中心的なのは問題ですが、自分が自分を肯定することはとても大事なことです。人は生まれながらに価値があるのですから、あなたは「あるがまま」でいればいいのです。

むしろ「あるがまま」の自分を認めてあげることができれば、今、この瞬間を前向きに楽しく生きられるようになり、結果的に仕事も人間関係も好転していきます。

かつての私は無神論者といえるほどで、どちらかというと宗教には抵抗を感じていました。ところが、ちょっとしたきっかけで教会を訪れるようになり、やがて夫婦で洗礼を受けるまでになりました。ですから、「えっ？　宗教？」と思ってしまう人の気持ちもよく分かります。

でも、そんな人でも大丈夫です。聖書の言葉は深い愛情と示唆に富んでおり、軽い気持ちで読んでみるだけでも大いに参考になります。

本書ではそうした聖書の言葉と、医師としての私自身の経験をもとに幸せな人生へ導く25のヒントを紹介しています。それは今、この瞬間を楽しめる自分をつくるきっかけになるものだと確信しています。

「夢をもたない生き方」とは、ときに「夢を超える生き方」になるのですから。

夢をもたない生き方　目次

プロローグ　2

［Chapter 1］夢をもつから不安になる

憧れのアメリカでの挫折の日々　16
苦しみから救ってくれたもの　19
夢なんてなくてもいい　22

［Chapter 2］不安から解放され、自分らしく幸せに――
夢をもたない生き方25のヒント

1　誰かと比べない　26
人との比較に振り回されるのは危険　26
劣等感は負の連鎖をもたらす　29

2 心配しすぎない 31

将来を思い描きつつ、それに振り回されない 31

明日のことは明日考えよう 34

3 ひきずらない 抱え込まない 36

過去のことをいつまでも思い悩まない 36

人生は分からないと心しておく 39

4 自分の欠点は無理に改めなくていい 41

常に自分らしく。やるべきことをやればいい 41

一人ひとりの個性はそのままで素晴らしい 44

5 「色眼鏡」をはずす 46

違うからこそ、違いを認めよう 46

寛容な心を持ち続けたい 49

6 ウソをつかない 51
ついて良いウソなんてありません 51
空気を読んでウソをつく!? 53
信頼を大切にしたい 55
7 自分のミスを真摯に認める 56
なぜ起こったかをつきとめて、今後のミスを防ぐ 56
人類の最初の殺人は嫉妬から起こった 59
8 夫婦は同じ方向を向いて進む 61
価値観を共有できる人との出会いこそ祝福 61
意見が違っても、一致するまで待つ 63
観察から始めるOODAループで前向きに進む 65
9 「おかげさま」を意識する 66
現状に感謝することで幸せが広がる 66
近しい人にこそ感謝を伝えたい 69

10 独り占めせず、チャンスを分け与える 71
奪われてしまった人の気持ちも考えて 71
経験も財産。何事も人と分かち合う 74
11 「流れ」にのってみる 76
のるべき波を見つけられるかが分かれ道 76
もしも迷ったらどうするか 80
12 人との「縁」を大切にする 81
良い循環を心がけ、悪い流れはせき止める 81
地域に希望を届けるために 84
13 仕事を楽しむ 86
リラックスしてこそ最上の仕事ができる 86
神様から与えられた才能を精一杯発揮する 88
仕事を楽しくする方法を考える 90

14 **自分のためではなく社会のために働く** 91
困っている人に手を差し伸べる 91
大震災の惨状を目のあたりにして 93
社会全体で子どもたちを育てる 94
15 **いつも機嫌良くする** 96
心と体を一定に整える 96
日々私たちは試されている 98
どんなときも前を向くこと 100
16 **恐れずにできないことを認める** 101
分からないことを聞くのも仕事のうち 101
地雷を踏まない自由を手に入れる 104
17 **目的を一つにし成果を分かち合う** 106
医療分野で求められる「接遇」とは？ 106
接遇で求められるものとは 110

18 **逆境も「必ず終わりがくる」と信じる** 111
自分のままで、新しい自分を見つける 111
イエスの死で自分も生まれ変われる 113
自分の罪を背負った人のために 116
19 **苦しさの中で見えてくるものがある** 118
苦しいことは不幸ではない 118
できることを何でもやろう 120
苦難の中で見えてくること 122
20 **1日5分だけ周りの人の幸せを祈る時間をつくる** 123
祈りには力がある 123
祈りは現実を変える 125
事前の準備が成功のカギ 126

21 **みんな、愛されている** 128
なぜ人の判断に振り回されてしまうのか？ 128
愛したいと思って生きる 130
自分を肯定的にとらえる 131
まずは自分を受け入れる 131
22 **がんばりすぎない** 133
いい人の〝幻想〟にとらわれないで 133
ストレスはなるべくためずに解消を 135
何のためにがんばるのか？ 137
23 **コツコツと続けることを大切にする** 138
続けることは楽しい時間かもしれない 138
新たな自分を発見する楽しさ 141
最新の情報を集めて治療に役立てる 142

24 うまく話すのでなく〝聞き屋〟を目指す 143
聞くことと話すことのバランスに注意を 143
話を聞かない人と思われないように 145
相手に興味をもつことから始まる 147
25 人生を〝お任せ〟してみる 148
任せることで、もっと大きくなれる 148
乗り越えられない試練はない 150
よりよい世の中をつくるために 152
[Chapter 3] 夢をもたず、「今」を大切に生きる
あなたらしく「今」を充実させる 154
過去へのこだわりが邪魔をする 156
将来への不安が自分を立ち止まらせる 157
誰のためにがんばるのか 158

大きな祝福に気づいて私は変われた　159
使命や才能を発揮する幸せを感じて　161
私たちは生かされている　163
稼いだお金は誰のものか　165
稼いだ富は世の中に還元する　167
喜びを感じる瞬間とは　168
揺らがない自分を探る　170
本当の自分をどう知るか　170
放蕩息子でも愛される　172
人生は分からないから楽しい　173

エピローグ　176

[Chapter 1]

夢をもつから不安になる

憧れのアメリカでの挫折の日々

近頃、「若者に夢がない」という言葉をよく耳にします。私は常々、「夢をもつ」とはどういうことだろうと疑問に思います。

今の若者たちが、明るい将来を描いて自発的に夢を追っているようには、あまり見えません。むしろ「なりたい自分になる」、「今の自分と違う自分にならなければいけない」という強迫観念に縛られているように見えることもあります。

今の自分を肯定できない状況で、大きな理想を掲げると、逆にその理想に追い詰められてしまいます。「今の自分では不十分だ」という不安は、理想を追う気持ちをますます焦らせるのです。

これは自戒を込めて書くのですが、かつての私もそうでした。

私は旭川で生まれ、ごく普通の家庭に育ちました。中学に入って初めてのテストのとき、私はクラスで2番目にいい点数をとりました。

自分はそれほど勉強ができるとは思っていなかったので、非常に驚きました。やがて勉強して順位が上がることに喜びを感じるようになり、中学を卒業する頃には学年で1番か

2番の成績を取るようになりました。小さな世界しか知らない中学生にとってはまさに「優越感」に浸る環境だったといえます。

とはいえ高校に入れば、私より成績のいい人はもちろんいましたし、大学受験の頃には、自分の成績も全国レベルでみればたいしたことがないことは知っていました。

自分なりに必死で受験競争を闘っていたわけですから無理のないことですが、その頃には自分より上か下かでしか物事を見ることができなくなっていました。人に対しても媚びるか、逆に傲慢になるかのどちらか。優越感と劣等感の間を揺れ動くように生きていたと思います。

とはいえ一度目の大学受験は失敗してしまいます。自分なりに挫折を味わったことで、もっと人に感謝しよう、もっと謙虚になろうと思う気持ちもあったのです。

それでも浪人生活を経て合格してしまえば、待っていたのはお気楽な学生生活。謙虚な気持ちはどこかへ消え、良いことがあれば自分の手柄だと思うような傲慢さが自分の中に芽生えていきました。

そして私は医師になり、妻と出会って結婚もし、以前から目指していたアメリカへの研究留学ができることになったのです。

私は「研究者としての自分を試したい」と熱い思いを胸に、意気揚々と現地に向かいました。

しかしいざアメリカに渡ってみると、思っていた以上に厳しい現実が待っていました。もともと私が皮膚科を選ぶことになったのも、さらにアメリカに行くことになったときも、所属先の上司にあたる教授の勧めがあったからです。日本では上司の指導や指示に従って研究を行うのが常でした。しかし自由を重んじる個人主義のアメリカでは何事も自分で切り開いていく必要があります。

また、私は男尊女卑にこり固まっていたわけではありませんが、日本の医療や研究の分野で、少なくとも私のまわりでは男性に伍して働く女性というのは少なく、当時の私はそうした状況に慣れてしまっていました。そのためアメリカで若い女性の同僚から作業を頼まれるととまどってしまい、屈辱すら感じたのです。

そうした私の気持ちは、言葉に出さずとも振る舞いから周囲に伝わっていたのでしょう。同僚で私に助言してくれる人はおらず、かといってプライドが邪魔をして自分から助けを求めることもできず、どんどん孤立していきました。

結局、自分がメインとなって行ったプロジェクトは完成せず、論文を仕上げることもできませんでした。私は、劣等感の塊となり、完全に途方に暮れたのです。

留学の期間は当初2年の予定でしたが、自分のペースをつくれないままあっというまに過ぎてしまい、焦った私はこのままではいけないと留学をさらに2年延長しました。

上司のサポートとして携わった研究で世界的な権威であるnature誌に私の名前も載ったものの、留学の成果として自分の論文を形にすることはできませんでした。

その頃の私は、同僚やまわりの研究者を見るにつけ、「自分はあの人より出来が悪いな」と落ち込むばかりでした。劣等感はストレスやプレッシャーを生み、心の安らぎを得られないばかりか、不安が消えないためにまわりの人にも穏やかに接することができません。ストレスのため、ちょっとしたことでいらだったり、不満を妻にぶつけてしまうことがよくありました。そんなことが続けば家族やまわりの人との関係も悪くなり、悪循環が生まれるばかりです。

苦しみから救ってくれたもの

この頃が私の人生で最も大きな挫折の時期でした。しかし人生は思わぬところから開かれていくものです。

私を苦しみから救ってくれたのは、家の向かいにあった教会での体験でした。教会の子育てサークルへ入っていた妻からの誘いの中に、聖書勉強会があったのです。まったくの無神論者だった私は、あくまで英語を勉強する機会として参加しました。


その時、教会の宣教師が読み上げてくれたのがこの一節でした。

『わたしの目には、あなたは高価で尊い。

わたしはあなたを愛している（イザヤ書　43章4節）』

さらに宣教師は、一節の意味をこう解説してくれました。キリスト教では、人間は誰でも、ありのままで十分価値があるとされます。人間は神様によってつくられた存在だから、存在しているだけで、神様に愛されている存在なのです。

遠い異国の地で、思うような研究成果が出せないまま、人間関係にも苦労していた私は、「自分のここがダメだ」、「こんなところが情けない、恥ずかしい」と自分を責めてばかりでした。だからこそ「ありのままでいい」という教えが、涙が出るほどうれしかったのです。

その日以降、私は変わりました。

キリスト教の考え方に次第に感化され、しばらくすると、生活にも変化が表れ始めました。

それまで仕事においては「自分の望む成果を挙げるためにとにかく一生懸命やろう」という自己中心的な思いが原動力でした。しかし自分が神様に愛されていると思うと、だんだんと、医師や研究者としての私の能力は、神様からの賜物だと思えるようになりました。

自分の意思や目的がどうかではなく、その能力を活かすことに意味がある。

そう考えて自己中心的な目標を捨てると、現状に素直に満足できるようになりました。

「他者より自分が優れているかどうか」を気にする必要がなくなったのです。

さらに自分に対して「そのままでいい」、そう思うことを続けてゆくと、他人に対しても、そのままでいいと無意識のうちに尊重するようになってゆくのです。人間関係も好転していきました。

特に、夫婦関係が改善されました。それまで仕事第一だった私は、妻や子どものことは二の次にしていて、夫婦関係は最悪でした。しかし、夫婦一緒に神様を信じるようになると、キリスト教の教えのもと、お互いを唯一無二のパートナーとして大切にできるようになりました。

白状すると、私は初め、キリスト教に無関心どころか、むしろ馬鹿にしてさえいました。神がすべてを創造しただなんて、ありえない。ダーウィンの進化論はもはや常識で、人間がサルから進化したことだって多くの人が知っている。初めて参加した聖書勉強会で、私はそう口に出しさえしました。

しかし、キリスト教がどれだけ愛情深い宗教なのか分かってくると、不思議と「信じてみよう」と思えたのです。

宗教にはまったく興味がないながらも、出会った人の話に素直に耳を傾けたら、思いがけず自分の思い込みから抜け出すことができたのです。

自分には無関係と思っていたものにこそ、発想を転換するヒントが隠されています。それを無下にせず、どれだけ向き合えるかで、人生が変わるのです。

夢なんてなくてもいい

今、かつての私のように優越感と劣等感に振り回され、「今と違う自分にならなければいけない」と思い込んでいる人に、私は伝えたいのです。

まず、「自分は何かをやり遂げなければならない」という思い込みを捨てましょう。すると、何かがうまくいかなくても、自分を「力不足だ」と否定しなくてもよくなります。

自分のための目標を掲げて必死にがんばる。そんな生き方を否定する訳ではありませんが、人生は目標や夢というニンジンを目の前にぶらさげて、レールの上をむりやり走るようなものではありません。

あるがままの自分を受け入れ、精一杯に「今・ここ」にある自分の務めを果たすだけで、十分すばらしいことです。

それでも何かに迷ったり、物事がなかなかうまくいかないという人は、行動や考え方から変えることが肝心です。

[Chapter 2]

不安から解放され、自分らしく幸せに――
夢をもたない生き方25のヒント

1　誰かと比べない

人との比較に振り回されるのは危険

「比べてはいけない」と分かっていても比べてしまう、それが人間なのかもしれません。

自分のことを知りたい、もっと良くなりたいと思っても、客観的な判断を得るのはなかなか難しいものです。そのため人との違いや他人の反応から自分自身を推し量るしかないこともあるでしょう。

ただし、その結果どちらが優れているとか、「良い」「悪い」とかいう評価に振り回されてしまうとしたら何もいいことはないのです。

本来なら努力や向上心によって成長し、より良い自分へと向かうのが望ましいものです。しかし一つの物差しを当てはめて相手が自分より下だと思えば、自分は何も変わらなくても自分が良くなっているような気がしてしまいます。

その反対で、必要以上に自分を貶めて、「自分なんかダメだ」「がんばっても全然変わらない」などと思い込んで悲観するのもよくありません。上とか下とか比べて判断することは非常に危険なことだといえるでしょう。

［聖書のことば］

私たちは、自己推薦をしているような人たちの中のだれかと自分を同列に置いたり、比較したりしようなどとは思いません。しかし、彼らが自分たちの間で自分を量ったり、比較したりしているのは、知恵のないことなのです。

——コリント人への手紙　第二　10章12節

聖書の時代から「人と比べることは愚かだ」とされ、「知恵のないこと」といわれているのですから、２０００年前から人はほとんど変わっていないのだと思わざるを得ません。それを思うと聖書は現代でも大いに読む価値があるものだといえます。

多くの人は意味もなく人と比べてしまうものです。

かつての私も同じで、キリスト教に出会って信仰をもつようになるまでは何かと比べてばかりの人生でした。

それは子ども時代までさかのぼります。私の父と母は「勉強しなさい」などと言う人ではありませんでしたが、中学生の頃、私は自分の成績が良いことに気づき、親に言われてもいないのに志願して塾に行くようになりました。

それは自分なりの向上心でしたが、ほかにも目的がありました。

中学生の一時期、私をいじめようとする子がいて、その彼を負かしたいという意識もあって勉強に励んでやろうと思ったのです。その結果、高校は旭川でトップクラスの進学校に進み、勉強して良い成績を取ることが自分の価値基準になっていきました。

子どもながらに「世の中は一部の優秀な人が治めていくものだ」という意識があり、自分の中に「次のステップに行きたい」「もっと上へ」という漠然とした上昇志向があったことを覚えています。

中高生時代は受験が控えていますし、やがて私は医学部を目指すようになったため、順位をつけたり人と比べることと無縁ではいられなくなりました。

良い成績が認められれば自分を駆り立てるモチベーションにもなりますから一概に悪い面ばかりではないかもしれません。しかし「あいつより自分のほうが優れている」と思い込む「優越感」は、相手次第ですから簡単にひっくり返ってしまいます。

人と比べるのはあくまでも「相対的」な評価ですから、それがずっと正しい評価であるとは限りません。

そうすると今度は「劣等感」となって自分を苛んでしまい、自然と自己評価も下がります。「優越感」と「劣等感」はセットなのです。

劣等感は負の連鎖をもたらす

私は研究者として自信満々でアメリカに行き、「自分ならできるはず」と思っていたのに、それがうまくいかずに焦ってばかりでした。想定外のことが続き、うまく切り替えることができなかったのです。

「論文が進まない」「あいつのほうが業績をあげている」などと比べ始めるとキリがありません。

野球でいえば、ずっとレギュラー的なポジションを確保していた人が補欠に回されてしまったような感覚です。今だからいえることですが、当然プライドもずたずたです。

募るプレッシャーとストレスのせいで苛立ちやすくなり、周囲の人についつらく当たって、ますます孤独になっていきます。

相対的な評価がこわいのはまさにそこです。

比較から生まれる評価はすぐに揺らいでしまうもの。ですから自分を支える絶対的な何か、軸になるようなものが見つけられなければ自分で自分を傷つけてしまいます。

私自身、人生で最も苦しかったアメリカでの研究者時代に神様との出会いがあったのは不思議ですが、それこそ神様のお導きだと今は思うばかりです。

「もっとよくなりたい」「幸せになりたい」と思うからこそ比較をして自分の価値を見いだそうとするわけですが、皮肉にもどんどん比較の罠にはまり込んでしまいます。

一方、絶対的な存在である神様から与えられる価値は揺らぎません。私はキリスト教の教えと出会って初めて揺らがない価値を見つけることができたのです。

その価値観の中ではたとえうまくいかないことがあっても、それも神様の導きだと考えることができます。研究者としてはうまくいかなかったけれど、「あなたには別の道がある」と示されていたと思えば、あの苦労の日々も神様からの祝福なのです。

2 心配しすぎない

将来を思い描きつつ、それに振り回されない

仕事でも何でも、先のことを考えてあれこれ心配してしまうのは無理もありません。しかしだからといって何も考えずにその日暮らしをしていればいいというものでもないでしょう。

自分なりに将来を考え、そのための準備をすることは必要ですが、心配のあまり必要以上に溜め込もうとしたり、人の分まで奪うようにして安心を確保しようとするのは意味のないことです。不安はどこまでいっても消えることはなく、負の連鎖が広がるばかりです。

これはお金の問題に限りません。新型コロナウイルスが流行し始めた時期、マスクだけでなくトイレットペーパーがなくなるというデマが広がり、騒動になっていたのも記憶に新しいところです。

結局のところ先のことは分かりません。将来に対して過度な不安をもち過ぎず、それに

振り回されない覚悟をもつしかないのです。

[聖書のことば]

《26節》空の鳥を見なさい。種蒔きもせず、刈り入れもせず、倉に納めることもしません。けれども、あなたがたの天の父がこれを養っていてくださるのです。あなたがたは、鳥よりも、もっとすぐれたものではありませんか。

《34節》だから、あすのための心配は無用です。あすのことはあすが心配します。労苦はその日その日に、十分あります。

――マタイの福音書　6章26節・34節

自然界に生きている鳥たちは、そもそも人のように何かを所有するということはありません。ですから今ここにあるものを明日までとっておくことはしません。それにならって私たち人間も何かを溜め込んだりせず、神の導きを信じて執着心を手放すこと。それによって導きを得られると教えています。

キリスト教ではすべては神様が与えてくれるものと考えますから、お金を稼いだり、必要以上に溜め込むことが生きる目的になってはいけないとされています。ただしお金を得ることもある種の祝福だと考えることもできますし、貯金や蓄財を一切するなと極端なことをいうわけでもありません。

ここで言いたいことは、必要以上に心配しすぎず、不安に振り回されないようにということです。

お金のことに限らず、不安はさまざまな場面で生じるものです。特に新しいことを始めるときは誰でも不安になって当然です。

それはもちろん私も例外ではありませんでした。

アメリカでの研究生活に挫折感を抱き、いわば傷心状態で帰国したわけですが、意に反して周囲からは海外からの凱旋帰国のような扱いを受け、華々しく元の職場に戻ることになりました。研究生活には若干の不安を抱いていましたが、留学で得た知識を若手に伝えることもできますし、まだ自分にやれることがあると感じていました。

また、多少の迷いや疑問があってもいざ仕事の環境を変えるというのは、養っている家族もいますから慎重になるものです。

実際のところ大学や研究の世界と、同じ医療分野とはいってもクリニックを開業するというのとはまったく違う世界なのです。当初私は自分が開業するなんてまったく頭になく、そんなお金もないと思っていました。

ところが人生というのは分からないものです。タイミング良く開業のノウハウを学ぶ機会があり、さらに銀行から資金を借りることができることも分かって、あれよあれよという間に話が進んでいきました。結果的に私は大学を辞めて、自分のクリニックを開業することになったのです。

明日のことは明日考えよう

お金の話ばかりするのも何なのですが、多くの人の関心があるところだと思いますから正直に書きます。開業にあたり見通しとしてこれくらいの収益があったらいいなというのは確かにありました。家族が暮らしていけなくなったりしたら困りますから、それは当然です。しかし現実は予想外の結果でした。自分の想定をはるかに超える額に達していたからです。

それは神様のおかげとしか考えられません。私は洗礼を受けて以来、一時は聖書を一日に何時間も読むなど学びを深めていましたが、改めて神様の偉大さを実感することになりました。何かに身をゆだねるというのはこういうことかと悟ったのです。

ですから神様にとっては私が抱えていた心配などちっぽけなもので、反対に神様の祝福は「そんな小さなものじゃない」といわれている気がしました。神様を求めて従おうという思いがあれば何倍にもなって返ってくると知ったのです。

明日のことは明日考えましょう、神様を信じれば今日のものをとっておくことはないということなのです。

神様を別にしても、安心・安全を求めすぎたり、あるいは老後のため、子どもの教育費のためにとせっせと貯金したとしても、すべてのことが完璧に防げるわけではないということです。

本書では「夢をもたない」ことを勧めていますが、同時に「心配ももたない」でよいということ。心配も度を超すとよくありません。

先のことは分からないのですから考えすぎず、ある程度の覚悟をもって日々を過ごしていくほかありません。「今」を生きるとはそういうことです。

3　ひきずらない　抱え込まない

過去のことをいつまでも思い悩まない

毎日いろいろなことがあるでしょう。

思い通りにいかなかったこともきっとあるはずです。次はうまくやろうと反省したり、起こったことについて検証するのはもちろん必要なことです。

あなたが会社などの組織に所属しているなら、業務に関する報告・連絡・相談がとても重要です。何か起こったときには状況をすみやかに把握し、必要に応じて迅速な対応をするために欠かせないからです。

やるべきことをやり尽くしたら、それ以上思い悩んでも仕方ありません。

仕事でも個人的なことでも、過ぎたことをいつまでもひきずってそのたびに落ち込んだり、ぐずぐずと考え込んでいたら、うまくいくものもいかなくなってしまいます。

人生は切り替えも大事です。そのためには人と話をしたり、文章に書き出して客観的な目で見てみたり、ゆっくりと深呼吸をしてみるだけでも違う局面が見えてくるかもしれません。

［聖書のことば］

実に神はすべての人間に富と財宝を与え、これを楽しむことを許し、自分の受ける分を受け、自分の労苦を喜ぶようにされた。これこそが神の賜物である。

――伝道者の書　5章19節

神様は人を苦しめようとするわけではありません。もしつらいと感じるようなことがあったとしても、それも神様が用意してくれた最高の道へ至る途中の出来事かもしれないのです。富や財宝と同じくらい価値のあるものなのかもしれません。

旧約聖書の中で、特によく知られている『ヨブ記』とよばれる書があります。人間の不条理な運命について触れられているところです。

ウツという地に暮らしていたヨブはとても気高く清らかな心の持ち主で、7人の息子と3人の娘がいる財産家でした。

神様はそんなヨブを忠実な者だと語りましたが、それを聞いていた悪魔（サタン）は「神がヨブを祝福したからヨブは神を敬い恐れている」のだと主張し、「祝福が奪われたら神を呪うに違いない」と言ったのです。

そしてサタンはヨブを試そうとして、彼の子どもたちや当時の貴重な財産である家畜を奪ってしまいました。しかしヨブは「主は与え、主は取られる」と言って受け入れ、神様を呪うことはありませんでした。

このヨブの例のように、人生にはいつ何が起こるか分かりません。

神様や悪魔から見たら人間なんてちっぽけな存在に過ぎないのです。大いなる祝福を与えてもらえる一方で、時には大切なものをあっけなく奪われてしまうこともります。事故や天災でも、もしくは日常生活でも、ある日突然想定外の事態に巻き込まれてしまうことがあるかもしれません。

また現在のネット社会ではSNSやネット上にあることないことが書かれて、自分に非がなくても炎上の事態に陥ることもあります。

ですから日々起こることに一喜一憂しても仕方ありません。私自身、一経営者として明日何が起こるかは分からないという危機意識はもっているつもりです。

人生は分からないと心しておく

神様を信じる身としては、何が起こってもそれも祝福として受け入れるほかありません。信仰をもつというのは、人生の道のりはすべて神様が用意してくれていると考えることです。そうすれば神様は一番いいところにつれていってくれると信じるのです。

もし自分が思っていないほうへ進んだとしても、神様が用意して下さる最高の道があるはずで、間違うことはないと考えます。

たとえばもしクリニックがつぶれるような事態になったとしても、それが自分にとって進むべき道かもしれません。「本当の最善はつらさを伴うこともある」として、それは受け入れるしかないことでしょう。

私は研究者としての挫折を一度味わい、勤めていた大学を辞めるときも落伍したような思いがありましたが、それをひきずることはありませんでした。変化を受け入れて、新しい環境に飛び込んだおかげで今の幸せがあると感じられるからです。

しかし、どんな祝福を得たとしても次に何があるかは分かりません。ですから過去の後悔も、先の心配もなるべくもたないようにするしかないのです。

それはそうと、さきほどのヨブが最後の最後にどうなったかを知りたいと思いませんか?

ヨブは家畜を奪われ、子どもたちを殺されただけでなく、体に悪性の腫れ物ができるむごたらしい状態に陥ってしまいます。

間近で見ていた妻は「神を呪って死になさい」と言い、友人は「すべての苦難は罪に対する裁きだ」と言ってヨブを偽善者だとして非難します。このあたりは少し教条主義的で難しいところですが、やがてヨブは神様に対面することになります。そして最後まで神様への信頼を失わなかったことで、彼は以前よりも多くの子どもと財産に恵まれ、なんと140歳まで生きたとされています。まさしく「信じるものは救われる」のです。

中国の古典を基にしたことわざで、「人間万事塞翁が馬」というものがあります。「禍福はあざなえる縄のごとし」ともいいますが、この「禍福」は災いと幸福の意味で、それらは表裏一体であるということ。

洋の東西を問わず、人生は何があるか分かりませんよと昔の人は教えてくれているのです。

4　自分の欠点は無理に改めなくていい

常に自分らしく。やるべきことをやればいい

「〜になりたい」「もっと〜したい」と前向きな努力をするのは自分を向上させるきっかけになります。しかし自分を捨てる必要はありません。誰もがこの世に生まれてきただけで価値があり、自分ではない人になる必要はないのです。

しかし、だからといって何もしなくていいとか、他者を受け入れないような態度をとるのは言語道断。ひたすら自分を大切にし、より高めていくことを目指せばよいのです。

とはいえ注意すべきなのは、「こんな自分はだめだ」と否定したり、「もっと〜しなくては」と自分を見失ったりしてしまうことです。特に日本人は謙遜が美徳になっていますから、必要以上に自分を卑下したり、萎縮してしまうことも多いものです。

昨今よく聞かれる言葉に「自己肯定感」というものがあります。自分で自分を肯定することは他者の評価に頼らずに生きるうえでとても大事なことです。人はみんな違うのです

から、あなたはあなたの道を、あなたらしく進めばいいのです。

［聖書のことば］

わたしの目には、あなたは高価で尊い。わたしはあなたを愛している。

――イザヤ書　43章4節

私はこのイザヤ書の一節が大好きです。

「あなたは価値がある、私はあなたを愛している」などといわれたら、それ以上に伝えることなんてないのではないかと思います。

つらい思いをしているとき、劣等感にさいなまれてしまったときにこの言葉を聞いたらきっと救われますし、大いに励みになるでしょう。

祝福そのもののようなこんな言葉こそ、あらゆる人に伝えたいと感じます。もし私から誰かにというなら、やはり4人の子どもたちに聞かせたいと思います。

子どもがいる方なら、きっとみんな同じ気持ちになるでしょう。親であれば誰でも自分の子どもには自信をもってもらいたいですし、望む道を進んでほしいと思うものです。それが高じて、いい学校に行かせてやりたいとか、こうなってほしいなどと思うこともあるでしょうが、それも子どもを思うからこそです。

しかし、いい大学に行ったら必ず幸せになれるのかといえば、そうとは限りません。ですからたくましく生きる力を身につけてほしいと思うのも親心です。それを思うと盲目的に甘やかすこともできません。

旧約聖書の「箴言」という項目には、若者に向けて語られた箇所もあります。箴言とは日常生活の指針であり、教訓や戒めの言葉という意味ですから、親が子どもに語るようなことを神が私たちに向けて伝えたものです。

たとえば「子どもらよ。父の訓戒に聞き従い、悟りを得るように心がけよ」（箴言　4章1節）や「知恵を捨てるな。それがあなたを守る」（箴言　4章6節）などは子どもたちに向かって両親の言葉によく耳を傾けるように説いています。

現在の私はどちらかというとしつけには厳しいほうです。

でもキリスト教に出会う前の私は、自分のことで精一杯で「父親は仕事で成果を出して家族を養ってやればいい」「子育ては母親の仕事」だと決めつけて、家のことは妻に任せきりでした。

しかしその後、神様の教えに触れるようになると私も家族の大切さを実感するようになり、子どもへの対応も変わっていきました。子育ては親である自分にしかできないことだと思うようになりましたし、日ごろから愛をもって接し、良いことと悪いことをきちんと伝えてやりたいと考えています。

クリスチャンの家庭では小さいときのしつけが大事だと考えますが、叱るときも決して感情的にならないように心がけています。

一人ひとりの個性はそのままで素晴らしい

小さいときのしつけを大事にするとはいっても、親の理想を押しつけたり、型にはめることはありません。

子どもたちはそれぞれに与えられた能力や使命がありますから、それを伸ばしてやりたい。子どもが自分で進路を決めたなら、その意志を尊重したいとも思います。

私の4人の子どもたちにも、それぞれの個性があります。

長男は自分の意志で医学部を選びましたから、もしかしたら私と同じ道を進む可能性がありますす。一つ下の長女、そして次女もそれぞれに自分のやりたいことを自分で見つけているようで私はとてもうれしく感じています。そして４番目の子はまだ中学生ですが、のびのびと育ってくれています。

それぞれに自分の道を進んで、自分の人生を謳歌してもらいたいと思うばかりです。親ができるのは、環境を整えてやることくらいで、あとは見守るしかないでしょう。

子どもたちの成長を見るにつけ、これこそ神様の祝福だと思わずにいられません。思えば私自身、ずっと父のことを尊敬していました。折に触れて自分で決めた道を選ばせてくれたことや、人生の岐路に立ったときに適切な助言をくれたのも感謝するばかりです。

私自身も「あるがままでいい」と育ててもらったはずなのに、それをねじまげて「こうでなければ」と思い込み、自分を追い詰めたのは自分でした。

でも苦しい時期を体験したからこそ、「あるがまま」の大切さに気づくことができたのかもしれません。そこから本当の人生が始まった気がしています。

5 「色眼鏡」をはずす

違うからこそ、違いを認めよう

人はみんな違うからこそ、そのままでいい。そこで気をつけないといけないのはものの見方や考え方もそれぞれ違うことです。自分の価値観と違うからといって一方的に非難したりせず、立場の違いを認めることはもちろん、こちら側の偏ったものの見方、つまり「色眼鏡」で見ないことが大切です。

なぜ色眼鏡で見てはいけないかというと、端的にいえば自分もそんなふうに見られたくないからということがあるでしょう。昨今は多様性の時代だといわれています。男女差別はもちろん、国籍や人種、ひとり親の問題などさまざまな側面があります。

日本は比較的同質な社会だったために横並びの意識が強く、いわゆる同調圧力が強いとよくいわれます。それが無言のプレッシャーとなってしまうこともあるのです。

違いがあっても受け入れること、「～であるべき」という考えをなくすこと。それはまさにこれからの課題だといえるでしょう。

［聖書のことば］

さばいてはいけません。さばかれないためです。あなたがたがさばくとおりに、あなたがたもさばかれ、あなたがたが量るとおりに、あなたがたも量られるからです。また、なぜあなたは、兄弟の目の中のちりに目をつけるが、自分の目の中の梁には気がつかないのですか。兄弟に向かって、『あなたの目のちりを取らせてください』などとどうして言うのですか。見なさい、自分の目には梁があるではありませんか。

——マタイの福音書　7章1～4節

ここも一般によく知られている節です。

「さばく」という行為は、どうしても「上から」ものを言うようなスタンスになりがちです。安易に自己判断したり軽々しく非難したりせず、公正に物事を見ているかが問われているといえます。

「目の中に梁がある」の「梁」とは建築物を支える水平材のことです。「目の中に邪魔なものがあって、それがあると物事を正しく見ることができないから取り除いてよく見なさい」ということです。つまり偏見や思い込みを避け、物事を正しく知りなさいと教えているのです。

「人はみんなそのままでいい」、そして「多様性を認めよう」と頭では分かっていても、先入観を捨てきれず人を判断してしまうこともあるかもしれません。

まじめな人ほど、「〜するべき」「〜しなくてはいけない」という思いをもってしまう傾向があるでしょう。

また、物事はその人の経験値で計られてしまうため、よく知らないことは受け入れられなかったり、なかなか尊重できない場合があります。

人はどうしても第一印象をもってしまうものです。悪気はなかったとしても、表情や話し方を見て（こんな人だろう）と思ったり、仕事の場面では（優秀そうだ）とか、（こんな仕事に向いていそうだ）と評価するなど、こちらの印象から一方的に決めつけてしまうのも「色眼鏡」です。

特に注意が必要なのは、ミスやトラブルが起こった場合です。自戒を込めて挙げますが、人がミスをしたときにそれが起きた理由や事情まで把握せずに一方的に相手を責めてしまうことはないでしょうか。証拠もないのに「この人ならやりかねない」などと疑いの気持ちをもってしまうのも、まさしく色眼鏡だといえるでしょう。

トラブルが起こったなら、相手を責めるよりまずは問題を解決することが一番で、同じ事が繰り返されないようにすることが重要です。

それにもかかわらず自分が被った損害ばかりに目がいって、一方的に被害者ぶって攻撃してしまうことはないでしょうか。

私自身、恥ずかしいことですが、取引先にミスが発覚したときにそれを強く責める気持ちをもったことがあります。色眼鏡とは意味合いが少し違いますが、相手によって態度を変えるようなことはなるべくしたくないものです。

寛容な心を持ち続けたい

昨今の傾向として不正やスキャンダルを必要以上に非難したり、自分のことは棚に上げて、まさに「上から」裁くような風潮が多く見られるような気がします。

自由な意見はもちろん言うべきです。民主主義の社会では政府や大企業、権力者などに対する批判は大いに必要だといえるでしょう。

しかし、そうではなく個人同士のやりとりで人の弱みにつけ込んだり、事件やスキャンダルに対して必要以上に非難の矛先を向けるのはどうなのでしょうか。

SNS全盛の時代、無記名なのもあって簡単に人を攻撃できてしまいます。ネット上で誰かを誹謗中傷することがストレスのはけ口のようなものになっている印象を受けます。

人を非難する前に自分を振り返る心の余裕をもつことが大切です。

聖書にこんなくだりがあります。姦淫（不倫）の罪でとらえられた女性を人々が取り囲んでいる場で、イエスは「あなたがたのうちで罪のない者が、最初に彼女に石を投げなさい」と言って場をおさめたというのです。罪のない人はいないということに人々は気づかされ、一人また一人とその場を去ったといいます（ヨハネの福音書　8章）。

考えてみると、人を許すというのは人を攻撃するよりも難しいことかもしれません。

人のふり見て我がふり直せという言葉もあります。人の失態をとがめるのでなく、自分はそうならないように自制する心をもつことが重要です。

6　ウソをつかない

ついて良いウソなんてありません

一つウソをつくと、つじつまを合わせるためにウソにウソを重ねていかなくてはならなくなり、大げさなようですが、やがて自分の自由まで奪ってしまうことになります。

その場をごまかしたり、楽になろうとして何気なくついた小さなウソが、状況をより複雑にしてしまうこともあるでしょう。

また、ウソが後から発覚すればほかのことも信じてもらえなくなるでしょうし、自分のことまで信用されなくなってしまいます。

軽い気持ちでウソをつき、それを忘れてしまったりしたら、何が本当だったのか訳が分からなくなってしまうでしょう。

日本では「ウソも方便」などといって、「ついて良いウソとそうでないウソがある」とか、「状況によっては良い結果をもたらすこともある」という人がいますが、そうはいってもウソはウソ。それなら何もいわないほうがまだましではないでしょうか。

［聖書のことば］

あなたの隣人に対し、偽りの証言をしてはならない。

――出エジプト記　20章16節

旧約聖書の「出エジプト記」とはエジプトの奴隷だったイスラエルの民が神様の導きで奇跡的に脱出をする場面です。その旅の途中で、神様が人々を率いていたモーセに告げたのが、民が守るべき戒めであり、「十戒」と呼ばれています。「殺してはならない」「盗んではならない」などのさまざまな戒めと並んで、「偽証してはならない」、つまり「ウソをついてはいけない」という戒めがあります。

これは人々が守るべき最も大切な戒律であり、ある種の命令として神様から与えられたもので、これを守らないと祝福されないと示されています。

キリスト教徒でなくても、人としてウソがよくないことは同じはずですが、現実の私たちには小さなウソが多いように思います。私の目からみると、特に日本ではその傾向があるような気がします。

それが処世術でもあるかのように、心にもないことを言うのもその一種です。謙遜するつもりで奥さんや家族の悪口を言ったり、仲間内の共感を得るために上司の愚痴などを言う場面をたまに見かけることがあります。

かくいう私もキリストを信じる前は、場を盛り上げるために小さなウソをつくこともしばしばありました。しかしながら、時間が経って後悔するようなことは言いたくないですし、なるべくなら常に正直にありたいと思っています。

空気を読んでウソをつく!?

アメリカから帰国する際に、今でも忘れられない出来事があります。

もう昔のことですし、私はそこでウソをついたわけではないので打ち明けますが、アメリカの研究所を辞めてから日本の職場に勤め始める間に、わずか1カ月ほど空白の期間がありました。

それは決して長期ではないですし、家族そろっての帰国ですから準備や手続きもあります。ですから私は真実をありのまま書けばよいと思っていました。

しかしある人から、前職を辞めてからの空白期間をそのまま履歴書に書くと、経歴に穴が空くというようなことをいわれたのです。勤務先の心証をよくするためにほんの少し手を加えるだけで、時期をほんの少しずらすだけだからかまわないのではないかというのです。

私はその発言にとても違和感を覚え、そんな必要はないと思ったので結局それはしませんでした。

確かに履歴書を見た人から質問が出るかもしれません。でもそれをしないと勤められないわけでもないのに、なぜ真実をごまかす必要があるのかと私は疑問に思いました。もしそれで今後の事に影響があるとしても、それならそれでよいと思ったのです。

それは本当に小さなことでしたが、日本では〝空気を読む〟ことが良しとされ、本当のことを書くより、場がスムーズになることのほうが良いとするような考え方があります。それには若干の疑問を覚えます。

頑固に思われるかもしれませんが、一つウソをつくと自由がなくなります。それはウソをついて一時的に小さな得を得るよりも重要なことに思えます。そして誰も見ていなくても、自分自身に対しても堂々と胸を張っていたいものです。

信頼を大切にしたい

私は穏やかに見られますが、意外と短気ですし毒舌だといわれたこともあります。むしろ正直すぎるのかもしれませんが、決してウソはつきません。ですから夫婦や家族の間でもウソやごまかしはよくないと思っています。

これは今の私が常日頃抱いている信念のようなものですが、私たち夫婦は神様を通して導かれた関係で、それもすべて神様から与えられたと感じています。

キリスト教に出会う前は、人が自分と考えが違ったりするとなかなか納得できないこともありましたが、今はすべて神様がつくられたものとして受け入れることができます。

身近な夫婦関係や家族に対してもウソのない誠実な関係を保ちたいと思いますし、そうなれると確信しています。それは仕事仲間や患者、すべての人に対しても同じです。そうした人々に対し、私は真摯に向き合っていきたいのです。

キリスト教云々にかかわらず、「誠実でありたい」という姿勢は多くの人に理解してもらえるところだと思います。信頼が崩れるときはあっというまですが、これはレンガを積むように一つひとつ積み重ねていくしかないのです。

7 自分のミスを真摯に認める

なぜ起こったかをつきとめて、今後のミスを防ぐ

人間ですから間違うこともあります。問題が起こったとき、いかに正直に自分のミスを認めるかも大事なことです。もし心の中に「どうしたらごまかせるか」などという考えが浮かんだら、なぜそんな気持ちが浮かんでしまうのか、考えてみる必要があります。

人にも自分自身にもウソなく誠実に対応することが大切ですが、最初にどのような対応をするか。つまり初動が肝心です。

最も大切なことはミスを繰り返さないことです。それが発覚した時点ですぐに認めて、関係者に伝え、原因を探して防止策をとることです。ミスが起こったことを責めたり、自分でもそれをひきずっていつまでも後悔していてもしょうがないのです。

「失敗学」というジャンルの学問があります。

さまざまな分野で失敗がなぜ起こったか、どのように対処すべきかを体系的にまとめた

学問ですが、失敗が起こらないようにするためには「まずは認めること」が最初の一歩です。

［聖書のことば］

私たちの負いめをお赦しください。私たちも、私たちに負いめのある人たちを赦しました。

――マタイの福音書　6章12節

ここでいう「負いめ」というのは罪や借金、失敗などのことです。

誰もが神様から許されているのだから、あなたの負い目も引きずることなく許しましょうと言っています。また、物事に正面から向き合うという意味もあるかもしれません。

この項目でテーマとしている「自分のミスを認める」という観点と、人の罪や過ちを「許す」という観点があります。

私も人間ですからミスや勘違いをしてしまうことがあります。たとえば再診や経過観察の方の場合、患者に処方した薬の使用量などを尋ねます。軟膏などの塗り薬の場合、のみ薬と違ってどれくらい塗るのかまで薬局で指示されない場合もあり、また使った量によって治り具合も違ってきますから、直接確認することが必要なのです。

ある程度治療の予測も立てていますが、あまりに忙しい日だったりすると患者の回答を聞き間違えてしまい、その誤解に基づいてとっさに患者を責めてしまうこともあります。

もちろん、たびたびあることではなく、そういうこともあったという過去の話ですが、大切なのはミスや勘違いに気づいた時点ですぐに訂正し、状況に応じて謝罪をするなど早めの対応することが肝心であるということ。そして、ミスが起こった理由や原因を突き止め、繰り返さないようにすることです。

もう一つ重要なのは、ほかの人がミスをした場合、間違いは誰でも起こす可能性があるものですから〝お互い様〟だと考え、それを許せるかどうかです。

お互い様というのは日本でも助け合いの精神を表す言葉として使われますが、キリスト教徒にも同じような考え方があるのです。

その昔、原始のキリスト教の時代などには、一種の共同体として一つの財布を共有していたとされています。「人間はただ神の前においてのみ平等」というのはまさにそれで、同じ神を信じる者同士は平等、だからお互い様なのです。

ただ少しニュアンスが異なるのは、キリスト教では神様を「父なる神」と呼び、神様を親のようにあがめます。そうなると信徒同士はまさに同じ〝親〟をもつきょうだいです。そこから信徒同士のあいさつとして、「ハロー、ブラザー」などと呼び合います。

ちなみに日本などでは年長者を尊ぶ文化ですから兄と弟には序列がありますが、英語でブラザーといえば兄と弟のどちらも含んでおり、順番はありません。

人類の最初の殺人は嫉妬から起こった

聖書には兄弟の話がいくつか出てくる中で、最も有名で、かつ兄弟間の嫉妬が原因で〝人類最初の殺人事件〟となったのが「創世記」（４章）に出てくるカインとアベルのお話です。

彼らはアダムとイブ（エバ）の息子ですが、兄のカインは農耕に従事し、弟のアベルは羊飼いになりました。カインは農作物を神に捧げ、アベルは羊の初子の中から最上のものを捧げました。すると神はアベルからの捧げ物を喜んで受け取った一方で、カインの捧げ物には目をとめなかったためカインは激しく嫉妬します。そしてアベルを野原に誘い、なんと彼を殺してしまったのです。

それは神の知るところとなり、神はカインを問い詰め、死ぬまで地をさすらい続けるという罰を与えると同時に彼を憐れんだ……という話です。

聖書はまさに教訓の宝庫です。特にこのお話からは、最高のものを神に捧げたアベルに比べて、一方的に嫉妬して罪を犯してしまうカインの愚かさが際立ちます。そもそも神様は「最良のものを捧げなさい」と言っていたのに、カインは（自分だって神様に捧げ物をしたのに）と思い込んでしまっていたわけです。

これは現代の私たちにも大いに当てはまります。たとえば会社や取引先などがあなたに求めている真のニーズがあるのに、それに気づけないまま（なぜあいつばかり評価されるのか）と一方的に嫉妬し、（自分はこんなにがんばっても評価されない）と勝手に劣等感を抱いてしまうということはないでしょうか。

なぜ自分の捧げ物を神が喜んでくれなかったのかを冷静に考えることができていたら、結末は違っていたかもしれないと思います。

過ちを認め、あるがままの自分自身を見つめて、「あなたに求められていること」を考えることができたらきっと何かが変わるでしょう。

8　夫婦は同じ方向を向いて進む

価値観を共有できる人との出会いこそ祝福

「愛とはお互い見つめ合うことでなく、ともに同じ方向を見つめることである」と言ったのは『星の王子さま』で有名なサン＝テグジュペリです。

彼には愛についての名言が多く、見返りを求めない大切さも説いています。

そのほか結婚について、17世紀イギリスの聖職者トーマス・フラーが語ったのが「結婚前には両目を開いて見よ、結婚してからは片目を閉じよ」です。

相手を選ぶ前はしっかりと見定めて、いざ結婚をしたら少しくらいのことは目をつぶれということでしょうか。そんな言葉を聞いたら、未婚の人は結婚するのが怖くなってしまうかもしれません。

人がみんな違うように、今や夫婦の形は夫婦ごとに違う時代を迎えています。結婚するかしないか、子どもをもつかもたないかなど、価値観や考え方はさまざまです。同じ方向に向かってともに手を携えて進める人に出会えたら、それこそこの上ない祝福だと感じられることでしょう。

［聖書のことば］

ですから、あなたがたは、神の力強い御手の下にへりくだりなさい。神が、ちょうど良い時に、あなたがたを高くしてくださるためです。

——ペテロの手紙 第一　5章6節

ここで語られているのは、目上の人や上司などの権威的存在を敬い、自らは下に控えていることでむしろ神様は祝福をもたらしてくれるという教えです。

夫婦の関係について直接触れている箇所ではありませんが、神様からの導きで結婚できたと思える妻のことを語りたいと思います。

アメリカに渡った当時の私にとっては自分の仕事が順調にいくことが一番で、妻にはそれを支えて欲しいと思っていました。

今となっては〝昭和〟の価値観かもしれませんが、自分が幸せにするから、自分の仕事を邪魔せずについてきてほしいという思いもあったのです。

聖書には、「妻は夫に従いなさい」「（夫は）自分の妻を愛しなさい」（エペソ人への手紙5章22節・25節）という教えもよく知られています。「夫に従いなさい」というと男尊女卑な言い方のようにとられてしまいそうですが、「主に従うように」ですから、神と同じように夫も信頼しなさいということですし、今風にいえば、それは「夫婦が一致すること」だと思うのです。

意見が違っても、一致するまで待つ

身近な関係ほど利害もともにしているわけですから、それだけぶつかることもあるでしょう。当然ながら妻とはケンカもしますし、日頃から意見をぶつけ合います。

特に開業してからは一緒に事業をしているパートナーとして、私も言いたいことを言います。やりたいことがいろいろあって、それを提案として持ちかけるのですが、妻からは反対されることも多くありました。たとえば新しい機器を入れたいとか、医者を1人でなく2人体制に増やしてはどうかとか、スタッフの人員を増やしたいなどのプランについて話し合いますが、妻はいつも客観的な視点で冷静な判断をすることが多いのです。

意見がぶつかればもちろん不満を感じることもありますが、妻の意見には私とは違う側面からの理由があります。意見を出してくれたことで、時に突っ走ってしまいかねない私のほどよいブレーキとなり、よりよい結果につながったと感じています。

今の私にとって、妻は人生の伴侶でありつつ、一緒にクリニックを経営しているビジネスパートナーです。

どうしても意見が違う場合でも、夫婦の意見が「一致するまで待つ」ことも重要です。アメリカにいた頃までの私なら考えられなかったことですが、パートナーの意見は大いに尊重するようにしています。ここまで順調に進んできているのは、それもよかったのではないかと思うのです。

待つことの中には、状況に応じた最善の策を探り、さまざまなメリット・デメリットを見極めることも含まれています。

それは神様の答えを得られるのを待つことでもあり、なおかつ祈ることでもあります。とはいってもただ漫然と奇跡を待っているわけではありません。「人事を尽くして天命を待つ」ではないですが、人は人なりに考え、パートナー同士である夫婦の意見を合わせることが、よりよい答えを探すための道のりなのです。

観察から始めるOODAループで前向きに進む

ビジネスの進め方として、「PDCA」サイクルというものを知っている方は多いでしょう。計画（Plan）、実行（Do）、評価（Check）、改善（Act/Action）の4段階で業務を行い、効率的に業務を進めていくのによい方法だとして長く提唱されてきたものです。

しかし昨今ではもっと現状の観察から始めて、目的に合わせて意志決定を行い、実践に役立てる「OODAループ」という考え方に注目が集まっているようです。

観察（Observe）、方向付け（Orient）、意思決定（Decide）、実行（Act）というステップで現状を把握し、目的に合わせて方向を決めることでよりスピーディに行動に移せるとしたものです。特に「目的」を重視する点がとても有益だと思います。

クリニックは営利企業ではなく、地域の役に立たなければ意味がありません。ですから私たち夫婦が一致して取り組むことが多くの人の支えになると思い、同じ思いを共有することでともにひとつの方向を向き、日々取り組んでいます。

9 「おかげさま」を意識する

現状に感謝することで幸せが広がる

たかが感謝、されど感謝です。

物事は何でも「自分で勝ち取った」と思うと不満が出ますが、「与えられた」と思うと感謝が浮かんでくるものです。

私くらいの年代だと〝物〟への憧れがモチベーションになることもあります。欲しい物を所有することが成功の証しであり、自分の価値が高まるような気持ちになるものです。

男性なら車や時計であったり、女性なら有名ブランドのハンドバッグだったりするでしょうか。手に入れた瞬間はとてもうれしいものですが、意外なことに、〝自分のもの〟になるとまた次のものが欲しくなったりします。

やがて、求めるものがどんどんエスカレートしていくこともあり、人の心が物だけでは満たされないという事実も透けて見えてきます。憧れや欲望を追い求めるのが悪いことではありませんが、現状に満足したり、まわりに感謝できることこそが心の安らぎにつながり、幸福を呼ぶ連鎖になります。

［聖書のことば］

すべての事について、感謝しなさい。これが、キリスト・イエスにあって神があなたがたに望んでおられることです。

――テサロニケ人への手紙　第一　5章18節

感謝の言葉を口にするのも大切なことです。宗教とか時代とか、国民性などのすべての区分を超え、人類すべてに共通することです。

アメリカから戻ってきたときによく感じたのは、日本人は意外と会話の中に「ありがとう」が少ないのではないかということです。

日本人は思いやりの心もあり、謙虚で穏やかな国民性といわれています。

それは否定しませんが、日本では妙に恥ずかしがったり、気を遣いすぎてものをはっきり言えなかったり、困っている人に対しても手を貸すことをためらってしまったりすることもあるようです。これはもちろん私も含めてです。

たとえば目の見えない人が白杖をついて歩いていても、それに気づいているのに（じろじろ見てはいけない）とか、（声をかけたら上からものをいっているようにとられないだろうか）など、勝手に「慮って」しまって声が掛けられなかったりします。

たった一言、「何かお困りのことはありませんか？」と聞くだけなのに、なかなかそれが難しいようです。

もちろん日本人にもいろんな人がいますが、アメリカでは日常会話の中にも「サンキュー」「サンクス」といった言葉がとても多いのです。

たいていの人は、何かをしてくれた人や、店で買い物をしたときレジの人にもちゃんとお礼をいいます。道でぶつかったらちゃんと謝りますし、きちんと声に出して伝える人が多いと感じます。

たった一言でいいのに、なぜそれが難しくなってしまうのでしょう。

それは日本人に感謝の心が少ないからではなく、そのかわりに「すみません」という言葉を使うことが多いからなのかもしれません。あなたも心当たりはあると思います。もちろん私もそうです。

アメリカに行った当初、何かの折にとっさに「ソーリー」と言ってしまって相手にけげんな顔をされたことがあります。そして「何も謝る必要はないよ」ともいわれました。今思えば恥ずかしいというかほほえましいというか、今では笑い話です。

これは文化的な違いですが、思えば日本人はしょっちゅう謝っているようなものかもしれません。考えてみたら、謝ることがあいさつになっているとはおかしなものです。

近しい人にこそ感謝を伝えたい

感謝の言葉は誰からどんなときにいわれてもうれしいものです。それは自分でも分かっているのに身近な人にこそ伝えられていないかもしれません。

もちろん照れくさいことでしょうが、私でいえば妻を含めた身近な家族、親しい友人、そのほかクリニックの職員に対して、お礼をいうべきときにきちんと言えているかどうか、自分でも気になります。だからこそ言うべきときにきちんと感謝を伝えられている人を見ると、すばらしいと思います。

それと、日本人はお店や電車の中、町中などでまったく知らない人とのやりとりで、きちんと言葉を交わせる人が少ない印象を受けます。

アメリカに行って感じたことは、フランクに話すことの難しさです。いい年をして自分がこんなに〝シャイ〟なのかと気づかされ、今までそんなふうに感じたこともなかったので打ちのめされるような気持ちになったこともあります。

仕事の面では研究所の面々と伍して頑張っていましたが、それ以外の場ではむしろ妻のコミュニケーション能力のすごさに驚かされました。

英語がそんなにできるわけでもないのに、教会の関係者も含めてまわりの人といち早く打ち解けていて、コミュニケーションに必要なのは語学力ではなく、人と人とのふれあいなのだと気づかされたのです。

そこからいえるのは、大切なのは心のあり方だということです。

お礼や感謝は、言ったほうがいいから言うのではありません。感謝の気持ちを感じたから伝えるのであって、形式にとらわれて（ここでありがとうと言っておこう）では本末転倒です。

やはり日頃からすべてのことに感謝の気持ちをもつこと。物事は自分だけの成果ではなく、いろんな人のおかげで成り立っているのですから、素直にそれをありがたいと思えれば、それを伝えたいと思うはずです。

まずは心にゆとりをもって、まわりを見渡すことから始めるのがよいのかもしれません。

10 独り占めせず、チャンスを分け与える

奪われてしまった人の気持ちも考えて

人、物、場所でも、チャンスということでも、自分だけのものにできることは何もなく、それをしたつもりになって良いことは何もありません。

ただし「独り占めしたい」と思うのも人の心です。

それはどこからくるのでしょうか。

本書で大きなテーマとしてたびたび取り上げるのが「優越感」と「劣等感」です。どちらも他者と比べてどうかという基準がすべてになっていて、勝ち取りたいという欲望が高じて「限られたパイを奪い合う」ような行為に走ってしまうのです。

ここでいうパイはたとえであって、全体において自分の取り分を増やすという意味ですが、欧米から来ている表現なのでお菓子のパイを指しているのでしょう。さてこのパイはひとつしかないのでしょうか。自分の取り分を奪われてしまった人はどう思うのでしょうか。

［聖書のことば］

《5節》奴隷たちよ。あなたがたは、キリストに従うように、恐れおののいて真心から地上の主人に従いなさい。
《6節》人のごきげんとりのような、うわべだけの仕え方でなく、キリストのしもべとして、心から神のみこころを行い、
《7節》人にではなく、主に仕えるように、善意をもって仕えなさい。
《8節》良いことを行えば、奴隷であっても自由人であっても、それぞれその報いを主から受けることをあなたがたは知っています。

——エペソ人への手紙　6章5〜8節

現代の私たちはここに出てきたような「奴隷たちよ」などという呼びかけに思わず身構えてしまいますが、これは伝道の途上にあった使徒パウロが現在のトルコ西海岸とされるエペソのキリスト教信者たちに伝えた内容とされています。
当時は人口の3分の1が奴隷の身分を強いられていて、その中にもキリスト教徒がいた

ため、ここではこのような呼びかけになっています。しかしそれ以外にもさまざまな身分や立場の人に向けて信仰のあり方を説いた箇所です。「与えられた仕事や立場に従うことで神様から報酬を与えられる」ということを伝えています。

やはり信仰というものは時代や場所を越えて必要になるもので、どんな状況においても心を一定に保つことが大切です。

それで思い出すのが『置かれた場所で咲きなさい』という言葉です。これは本のタイトルであり、２０１０年代初めに大変なブームになりましたから、知っている人も多いでしょう。

著者の渡辺和子さんは私と同じ旭川の出身で、18歳で洗礼を受けた後、修道会に入会します。そして修道会の命でアメリカへ派遣され、ボストンの大学院で教育学の博士号を取得し、帰国後に30代でカトリックの女子大学の学長に就任されたという方です。

かの有名なマザー・テレサが来日されたときにも通訳を務めるなどさまざまなご活躍をされ、２０１６年に亡くなられましたが、たくさんの著書を残された素晴らしい女性です。

本のタイトルにもなったフレーズは、若くして学長という重責を任され、周囲が理解してくれないと思いつめたときに、そんな渡辺さんを見かねてひとりの宣教師が渡してくれた英語の詩からのものだそうです。

それを見て渡辺さんは、自分が置かれた場所に不平不満を言っていたら、自分は「環境の奴隷でしかない」と気づき、まわりの人に自分からあいさつをしたり、ほほえみかけるなど自分を変えていったといいます。

この項目で引用した聖書のことばも、人はそれぞれに役割があり、それに従うことで祝福が得られ、主人に仕えることが神様に仕えることになることを表しています。

こうした状況が人の心に響くのも、人生ではときに逆境と思える状況に陥ったり、自分は進もうとするのに障害ともいうべき人や出来事が道を阻んだりすることがあるためです。

そうした例として私の頭に浮かぶのはかつての上司の1人で、ちょっと理不尽な指示や対応をすることの多いA先生のことでした。

経験も財産。何事も人と分かち合う

大学病院勤務時代の私はいってみれば中間管理職の立場で、すでに何人もの部下がいました。医師にとっては知識だけでなく技術も重要です。そのためにはある程度の手術数をこなして、経験値を高めていく必要があるので、若手にもどんどん手術を任せたいと考えていました。

昔はあらゆる分野で、物事は「見て覚えろ」という時代でした。しかし、たとえば自転車に乗ったことのない人に「見て覚えろ」といっても、それで乗れるようにはなりません。

自分自身も駆け出しの頃にはいろんなチャンスをもらい、それによって成長させてもらったので、今度は若い人に多くのチャンスを与えたいと考えていました。

ところがA先生は理不尽なことをいったり、せっかくの機会を奪ってしまったりするのです。私もさすがに腐りそうになりましたが、その時点では自分だけの問題ではなく、すでに部下もいますから、彼らを守るためにも闘わなくてはいけないとたびたびA先生に意見をしたものです。

思えばこうした状況は、自分が大切にしていることは何なのか、自分は何をすべきなのかを考えさせてくれます。組織で働いている以上は、手柄を独り占めにするのではなく、機会を分かち合うものだということを改めて認識させてくれました。そうやって考えることも自分の財産になります。そしてA先生がどうこうではなく、すべてを配置したのが神様だと思うと何事も学びだと思わずにいられません。

11 「流れ」にのってみる

のるべき波を見つけられるかが分かれ道

何かを成すにはふさわしい時期、すなわちタイミングがあります。

手に入ればいつでもいいわけではなく、必要なときに適切なものが与えられることに価値があるのです。偶然に見えて実は必然のこともあり、まさに来た波にうまくのれたら、それこそ「タイミングが合う」ということです。

よく運がいい人は素直といわれます。人の助言をまっすぐ受け入れる人ほど、考えすぎず、そしてためらわずに行動に移せるからです。

本来チャンスは誰にでも平等に訪れています。でも目の前に来たチャンスを「今だ」と思ってつかめるかどうか。時には欲をかいて急ぎすぎたり、自分に必要のないものにまで手を出したり、もしくは考えすぎてプレッシャーに負けてしまったりするかもしれません。

チャンスが通り過ぎてしまってから、「あっ、行ってしまった」と思ったときにはもう遅いのです。

［聖書のことば］

《5節》あなたがたの中に知恵の欠けた人がいるなら、その人は、だれにでも惜しげなく、とがめることなくお与えになる神に願いなさい。そうすればきっと与えられます。

《6節》ただし、少しも疑わずに、信じて願いなさい。疑う人は、風に吹かれて揺れ動く、海の大波のようです。

《7節》そういう人は、主から何かをいただけると思ってはなりません。

《8節》そういうのは、二心のある人で、その歩む道のすべてに安定を欠いた人です。

――ヤコブの手紙　1章5節～8節

神を信じる人にとって神の導きは限りないものであり、疑う人はそれが得られない、ということが語られています。ここでのポイントは疑ってはいけないことです。

神の祝福はあらゆるものに及びます。予期せぬ偶然に思えても、すべては神様が与えてくれたタイミングであり、それこそまさに「必然」です。すべては神様の目的にかなうかどうかなのです。

そうなるともう人知を超えたものであり、タイミングを見定める極意などあってないものといわざるを得ません。

しかし私の場合、特にクリニック開業の際はタイミングなんて考える間もなく、「流れに乗って」進んでいきました。

それは自分にとっては予想外ではありましたが、順調に継続できていることを思うと、まさに神の導きだったと思わざるを得ません。

タイミングというのは、そのように計ったつもりはなくても、結果的に「タイミングが良かった」という場合があるのかもしれません。

何かを決めなければいけないとき、私の場合は基本的に神様に祈って決めますし、「神様の計画でありますように」として神様の導きにゆだねます。

とはいえ人生は大なり小なり決断の連続ですから、意識的に決断をしなければいけないタイミングもあります。そんなときは先の項目でも述べましたが、妻と相談して意見が一致するかどうかを重視しています。

何を大事にし、どのように決断するかは人によってさまざまかもしれませんが、私たちの中で、これぞタイミング！と思ったことがあります。

それはクリニックの拡張を決めたときです。

現在、私たちのクリニックは7年もの間順調に継続できており、業務の拡大に伴ってスタッフの数も増えています。

開業当初は医師の私以外に、看護師は正職員とパートさんがそれぞれ1人、あとは事務に携わる人2人という状態でした。それが今では看護師12人、看護助手3人、それに事務、経理、広報担当を合わせて総勢23人もの大所帯になっています（2021年現在）。

1フロアだけではだんだんと手狭に感じるようになり、いろいろな選択肢を考えた結果、同じビル内で2フロアにできたら理想的だと思うようになりました。

ところがそう考え始めた矢先、たまたまビルの管理会社の方とお会いする機会があり、ちょうど別のクリニックで新規開業をする予定だった方が、先方のご事情で開業をとりやめることになったというのです。

空いたフロアへの申し込みを検討している方はほかにもいらしたそうですが、私どもにどうかと言ってくださったのです。

それはまさに、これ以上ないタイミングでした。

その話を聞いて私は妻と「今だね」とうなずきあいました。夫婦の意見も一致し、それが紛れもないGOサインになったのです。

もしも迷ったらどうするか

大きな決断を前にして、確信が得られる場合ばかりとは限りません。もちろん迷いもあるものです。

私の場合は夫婦で一致できたことが大きかったといえますが、何かを決めるときどうしても迷ってしまうなら、もしうまくいかなかったとしても神様のご判断であり、導きだと考えるしかありません。

あるいは、自分が楽しめるかどうか、後悔がないかどうかもポイントになるかもしれません。人の世に100％のことはありません。何事も経験といえますし、どちらに転んでもそれも神様の祝福と思えば、一歩を踏み出す勇気も湧いてくるでしょう。

必要なことは恐れずに決断をすること、そして決めたら迷いを手放すことです。

12　人との「縁」を大切にする

良い循環を心がけ、悪い流れはせき止める

日本人は穏やかで優しいように見えて、一方で人と同じであることを無意識に強要する同調圧力に満ちているといわれています。

昨今ではうれしかったことや成功体験を披露しただけで自慢だととられたり、意図をゆがめられて受け取られたりするケースが増えているのは悲しいことです。しかしそれは受けとる側に余裕がなかったり、ストレスなどで追い込まれているのかもしれません。

そんな風潮のなかでも人のことを素直に褒めたり、共感してくれる人に出会うと望外の喜びを感じるものです。このような場合にはポジティブな気持ちで対応することができます。しかし、そうではなく否定的なエネルギーを向けられたときに、それに張り合うような返答をしてしまうことはないでしょうか。

人との縁を大切にするには、良い循環を促すのはもちろんのこと、同時に負の連鎖を止

めることも大切なことかもしれません。

［聖書のことば］

喜ぶ者といっしょに喜び、泣く者といっしょに泣きなさい。

――ローマ人への手紙　12章15節

人に寄り添い、ともに喜び、ともに悲しむことを教えている一節です。現実的にいえば、「ともに喜ぶ」のは簡単そうに見えて意外と難しいものです。一方、「ともに悲しむ」ことのほうが実践しやすいかもしれません。

私自身でいえば、医師はもちろん病気の人を治すのが仕事です。その中ではいろいろな出会いと別れがあります。

現在のような単科のクリニックでは設備や人員の面で対応が難しい場合もあり、そうしたときには総合病院へのご紹介をしていますが、大学病院に勤めていた頃には命に関わるような病状の人も多く、特に皮膚がんの場合などでは若くして亡くなる人もたくさんみてきました。

医師と患者というのは一つの病気を治すために互いに向き合っている状態であり、当然ながら医師も必死です。治療の進め方を説明する場合にも、患者の病状をみるだけでなく心の状態も常に推し量っています。

治療には精神的な状態も重要ですから、治療に際して勇気づけたり、励ましたりしながら、なるべく患者の立場に寄り添いたいと思います。

しかしながら、がんなどはどうにも手の施しようがない末期の状態まで進んでしまうような場合もあり、緩和ケアに移行せざるを得ないこともあります。医者として無力感を覚える瞬間です。

医師とて人間です。一定の期間をともに過ごしたわけですから、何もできないことがあれば、悲しく感じることもあります。しかし、いろんな患者も私にとって大切なご縁の一つです。たとえば初めて研修医として患者に対応したときや担当医として受け持ったとき、一つひとつの縁のすべてが今の私につながっていることを思うばかりです。

そして開業にあたって大事にしたかったのは、病気に苦しむ人に希望をもってもらうことです。

私たちのクリニックは名前に「オリーブ」をつけています。これは妻が考えてくれたのですが、「創世記」に書かれた有名なノアの箱舟のお話からきています。

その昔、アダムの子孫たちがこの世に溢れるほどに増えた頃、人間はだんだん悪事を重ねるようになり、神様は人間をつくったことを後悔し、生物を滅ぼすことを決断します。

しかし、きよい心をもっていたノアの一家だけは救おうと考え、ノアにこれから大洪水を起こすことを告げ、箱舟に一家とすべての生物をそれぞれ1つがいずつとともに乗り込むように伝えたのです。

やがて40日間の嵐が続いて大地を洪水が覆い尽くし、命あるものはすべて沈んでしまいます。そうして150日を過ぎたときにようやく雨が止み、ノアたちは生き残ったものの、舟から見えるのは一面の水だけ。ノアはそこで祈りとともに一羽の鳩を飛ばします。

やがて鳩はくちばしにオリーブの葉をくわえて戻ってきて、ノアたちは新たな希望を胸に新しい暮らしを始めることになります。オリーブはまさに希望の象徴なのです。

地域に希望を届けるために

私はクリニックを通して皮膚に関する病気に苦しんでいる人の助けになり、希望を与える存在になりたいと考えています。

現時点で医師は1人体制ですが、その分だけ高い質を保つことにこだわり、看護師は十分な人数をそろえて患者の声を細やかに拾うことができるようにするとともに、予約していらした方や治療が終わった方などを待たせないような体制づくりに心を配っています。

ご縁を大切にするために私たちがすべきことは、当然ながら医療の面で困ったときに役立てる存在であることだと思うからです。

そうして「縁」というものに思いをはせるとき、これまで出会ったすべての人のうち、誰が欠けても今の自分にはつながらないということを思わずにいられません。

父と母が出会わなければ、私も、弟もこの世にいません。子どもの頃、一緒に遊んだ友人、私をいじめようとしたA君。浪人時代に予備校の寮で励まし合った親友のB君。また、大学時代はサッカー部の活動に夢中だったにもかかわらず試験前に多くの友人に助けられました。

そして皮膚科に引っ張って留学の後押しをしてくださった恩師、アメリカ時代のボス、無知で生意気な日本人に扉を開いてくれた教会の方々……。今こう書きながら、私の頭の中にはもっとたくさんの人の顔が浮かんでいますが、すべてのご縁があって今があると思わずにいられません。

13　仕事を楽しむ

リラックスしてこそ最上の仕事ができる

大きな試合を控えたアスリートがインタビューに答えて、「楽しみたい」と言うシーンを目にすることがあります。「さすが一流の選手は違うな」と思うでしょうか。それとも「きっとプレッシャーがかかっているだろうに、無理して言っているのではないか」と思いますか。

笑いながら走ると記録が良くなる、という説があります。真偽のほどは別として、リラックスしているほうがきっと良い記録にはつながるだろうと思います。

もし仕事相手がガチガチに緊張していたら「大丈夫かな」と思うでしょうし、自分自身を振り返っても、ストレスを感じながら取り組んでいるより、多少の余裕があるほうが良いパフォーマンスが発揮できるのは間違いないでしょう。

楽しみながら仕事をするというと、「真面目にやれ！」という人もいるかもしれませんが、決してふざけているのではなく、リラックスして向かっているほうが物事もよく理解できます。仕事を楽しめていない人は、自分のあり方を見直した方がよいかもしれません。

［聖書のことば］

私は見た。人は、自分の仕事を楽しむよりほかに、何も良いことがないことを。それが人の受ける分であるからだ。だれが、これから後に起こることを人に見せてくれるだろう。

——伝道者の書　3章22節

聖書の時代に「仕事を楽しむ」という表現があるのは意外に思われるかもしれません。仕事を楽しむなんて不謹慎ではないかと思う人がいるかもしれないですが、今の時代、楽しんでこそ良い仕事ができると考える人のほうが多いでしょう。

そうはいっても仕事であればつらいことや嫌なこともあります。それでも真摯に好きな仕事と向き合うとき、そこに楽しさが見いだされてくるのかもしれません。

私自身が楽しいと感じる瞬間、正確にいえば喜びやうれしさを感じるのは、やはり担当した患者が治っていく瞬間に尽きます。それをともに喜びあえたら、こんなに幸せなことはありません。

クリニックの職員たちとの関係でも同じです。

経営側と雇われ側といった言い方をしてしまうと、いかにも利害が相反する立場のようですが、患者を治すという目的を共有する者ですから、同志ともいえます。

実は先日、とてもうれしく思ったことがありました。私が頼んだわけでもないのに、職員たちが自発的に一生懸命床掃除をしていたのを見たときです。もちろん日頃からクリニックはきれいに掃除をしていますが、それとは別にせっせと床をみがきあげている姿を目にして、私は心からありがたいなと思い、なんだか泣き出しそうになってしまいました。

クリニックを続けられているのも、職員はもとより来てくださる患者のおかげですし、そうした方が多くいて、それが増えていることを思えば、それもクリニックへの評価だと思い、日々気持ちを新たにするばかりです。

神様から与えられた才能を精一杯発揮する

すべての人が「高価ですばらしい」「ありのままで価値がある」というのが聖書の基本です。だからこそ私たちは前向きに神様にいただいた自分の務めを果たそうとしなければなりません。

使命や役割は一人ひとり違うものです。人はそれぞれに個性があり、その人ならではの才能を与えられているわけですから、それを精一杯発揮しなければなりません。

才能とは、英語なら「タレント」とか「ギフト」とかいう単語で表されます。日本で「タレント」というと完全に和製英語として芸能人とかメディアに出る人を意味しますが、本来は才能そのものを指す言葉であり、才能がある人の意味から派生した言葉です。

また「ギフト」はそのまま贈り物という意味ですが、これは「神様からの贈り物」として天性の才能、特別な能力を指します。

つまり私たちが備えている才能は、神様から与えられているこうした天性の能力です。天性の才能、天賦の才とは、必ずしも人より優れているスペシャルなものではなく、全員に備わっているもので、それを活かすのが私たちのやるべきことです。才能を発揮して生きることで「生きがいのある人生」にもつながります。

そこを見誤ると、人生において遠回りをしてしまうこともあります。

仕事を楽しくする方法を考える

思えば私は長い間、出世競争とか、価値のある論文をたくさん書いて評価されたいとか、本来やるべきこととだいぶ離れて、わざわざ苦難に満ちた世界に飛び込んで生きようとしていたのだと思うことがあります。

「勝ち取ろう」「つかもう」としていたあのときの自分は、必死に取り組んでも空回りするばかりでした。一瞬でも楽しめていられたかどうかは疑問です。

でも結局それが自分のやるべきことではないと分かったのは、クリニックを開業し、前向きに仕事に取り組める環境に身を置いたからこそです。

信頼できる職員とともに毎日を過ごしている今の状態こそ、忙しく大変でもやりがいを感じられて、これが自分のやるべきことだったと思えます。

仕事を楽しんでできているかがもし分からないというなら、楽しめる方法を考えてみると、何かが変わるかもしれません。

14　自分のためではなく社会のために働く

困っている人に手を差し伸べる

「人はひとりでは生きられない」と頭では分かっていても、若いうちは自分のことで精一杯ですし、なかなか実感できないものです。

私もそうでした。自分が未熟なうちはいくら社会のためにと思ってもできることは限られています。自分なりに無我夢中で走りながら、壁にぶつかったり、試行錯誤を繰り返しながらだんだん視野が広がっていき、現実の社会や広い世界が見えるようになります。それと同時に「自分がいかに人に助けられているか」ということにも気づきます。

だからこそ必要なのは共生の思想です。

人は社会に生きていて、なおかつ一人ひとりが価値のある存在です。私もあなたもみんな大切な存在なのですから、困っている人がいたら見て見ぬ振りをせず、手を差し伸べたいものです。

しかし決して無理なことをする必要はなく、できることを少しずつでよいのです。

［聖書のことば］

《26節》神は仰せられた。「さあ人を造ろう。われわれのかたちとして、われわれに似せて。彼らが、海の魚、空の鳥、家畜、地のすべてのもの、地をはうすべてのものを支配するように。」

《27節》神は人をご自身のかたちとして創造された。神のかたちとして彼を創造し、男と女とに彼らを創造された。

《28節》神は彼らを祝福された。神は彼らに仰せられた。「生めよ。ふえよ。地を満たせ。地を従えよ。海の魚、空の鳥、地をはうすべての生き物を支配せよ。」

――創世記　1章26～28節

神様が自分に似せて人間をつくり、そして魚や鳥、家畜を支配せよ、と宣言するくだりです。

世界は神様の手で、ゼロから7日間をかけてつくりあげられたとされています。

さまざまな文化や文明で、「世界創造神話」があります。日本にも国づくりの神話がありますが、キリスト教の場合は神様が無からすべてをつくりだしたのが特徴で、そのため「永遠に」「絶対の」存在なのです。

世界をつくって7日目にすべてを作り終え、それで休息をとられたことから、キリスト教の社会では必ず安息日を設けることになっています。

今ここに存在している私たちが、同じ世界を生きる者として、地震や災害が増えて大変な思いをしている人がいるならば助けたいと思うのは当然のことです。自分も同じ被害に遭うかもしれないのですから、お互い様であり、助け合ってこそ人間です。

大震災の惨状を目のあたりにして

私自身が災害ボランティアを体験した機会として思い出深いのは2011年の東日本大震災でした。

当時は皮膚科の医師として大学に勤務していましたが、日本皮膚科学会からのボランティア医募集の告知を目にした私は、普段はそういった活動に積極的なほうではなかったのですが、そのときはなぜかとっさに応募をしたのでした。

現地では仙台を起点に1週間ほど何カ所かを回りました。テレビや新聞で伝えられているような惨状は胸に迫るものがありました。人々が必死で生きようとしている姿をありありと目にしました。

医師としてできることはしたと思いますが、そうはいってもほんの1週間ほどでしたから、正直なところ本当に役に立てたのだろうかという思いはあります。

こうした災害ボランティアは行けばいいというものでもないですが、間近で見たことで復興の大変さを多少は理解できますし、人ごとではないという気持ちが強まります。

私自身が感じたのも、そこへ行って何かをしてあげられたというよりは、貴重な何かを見せてもらった気がしますし、何かをしてあげたなどという意識をもってしまったら続けられません。

社会全体で子どもたちを育てる

教会に関係したボランティアもいろいろあります。

たとえば毎年夏に2泊3日で開催される子ども向けの「エンジェルキャンプ」があり、医師として同行しています。

コロナ禍ではさすがに中止になったのですが、山ですから、虫に刺されたり、ケガをしたりと皮膚科医の出番も多いのです。

１００人くらいの子どもたちが集まって、聖書の勉強をしたり、キャンプらしくカレーを作ったりと楽しい機会です。

エンジェルというのを実感できるほど、子どもは純粋で、経験したことをどんどん吸収していくのが改めて分かるので、大人の我々も童心を取り戻すというか、感動を覚えます。子どもたちは社会全体の財産であるという意識にもなります。

社会貢献というと何だかものものしい言葉になってしまいますが、一人ひとりができることをするだけです。

私たちのクリニックでいえば、モットーは「地域を愛し、地域に愛されるクリニックを目指して」というもので、医療を通して社会に貢献することを掲げています。

それは言葉だけが素晴らしくてもだめで、思いやりの心と医療技術、それらが三位一体になってそろうことが必要だといえます。

15　いつも機嫌良くする

心と体を一定に整える

にこやかな表情の人や楽しそうな人はまわりまで幸せにします。

本当はつらいのに無理に隠さなくてはいけないことはないですが、なるべくならほがらかで機嫌の良さそうな表情でいたほうが家庭や職場も明るくなります。

ちなみに口角を少し上げているだけで、自律神経も整うという説があります。確かに笑顔をつくるとなんとなく心まで解放されるような気がします。

コロナ禍で始まったマスクの習慣がいつまで続くか分かりませんが、「笑う門には福来たる」といいますから、口元を柔らかくゆるめてほほえんでいたら、きっといいことがあるに違いありません。

機嫌良くする、前向きな状態を保つというのは、心を整えるということです。体の場合ならコンディショニングといっておもにアスリートなどが体調を整える手法がありますが、心も体も一定に整えるようにすると仕事もうまくまわるようになるはずです。

[聖書のことば]

いつも主にあって喜びなさい。もう一度言います。喜びなさい。

——ピリピ人への手紙　4章4節

この部分だけを読むと、ただ素直に喜びを表現しなさいといわれているように思ってしまいますが、実はこの書簡は獄中にとらわれている使徒パウロによって書かれたものです。閉ざされた環境から書かれたと知ると言葉の重みが変わってきます。

神様の言葉は常に「喜びなさい」などと命令形で語られます。そこにはある種の強制力を感じますし、同時に静かな威厳が漂ってきます。

それもふまえて聖書を読むと、困難な状況下にあっても常に喜びを感じるようにしなさいといわれているようで思わず背筋が伸びる気がします。

私はアメリカに研究者として留学して以来、キリスト教を学ぶようになりましたが、聖書に興味をもち始めてから、時には数時間もかけて聖書を読むようになりました。

聖書とは、世界で20億人にも及ぶ人々が手にするものであり、よく「人類史上最大のベストセラー」と呼ばれます。

聖書には神様の言葉が詰まっていて、父なる神の愛とゆるしに溢れ、現在の私にとっては欠かせないものになっています。自分が困ったとき、機嫌良くいたいと思うとき、今は現代流に聖書も携帯アプリですが、自分を整えるための〝バイブル〟です。

日々私たちは試されている

日常生活の中ではいろいろなことがあり、喜びを感じられる状況ばかりではないのが実情です。

たとえば診察の場で患者とスムーズにコミュニケーションがとれなかったときはやはり落ち込みますし、一経営者としてクリニックの評判も気になります。

私も1人の人間ですからそれなりにショックを受けたり、反省させられることもしばしば。ときには言い訳をしたくなることもありますし、小さなことを引きずって悔やむこともあります。

しかしネガティブになりすぎるのはよくありませんから、すべてに感謝をして真摯に受け止めたいと思います。

常々思うのは、患者であれ、家族やスタッフであれ、私に向けられたメッセージをきちんと受け止められているか、状況に応じた適切なコミュニケーションができているかということです。

特に患者とは一期一会の場面も多いものです。

困っている患者に対して医師の言動はそれなりに影響力があることは自覚していますから、患者から質問が多く出たり、不満や批判があっても何らかの返答があって活発なやりとりができれば、理解できているかどうかがこちらにも分かります。

しかしいろんな患者がいるなかでは、質問や返答がなかったからといってすべて納得しているとは限らないのではという思いもあります。

私の説明にすべて納得いただけていなかったり、聞きたくても聞けなかったことがあるのではないかと心配になることもあります。

話し方ひとつとっても、あまり丁寧に話しすぎても距離ができてしまいますし、あるいは若い患者だからといってあまりくだけすぎてもよくないでしょうし、正解はないのかもしれません。

日々のさまざまなことで、毎日「試されている」というと大げさですが、そうして自分を振り返る手段だと考えればすべてが本当にありがたいことです。

どんなときも前を向くこと

デジタル技術の発展は加速度を増していますし、もちろんネット環境も有効に活用するべきだと思います。

現状、オンライン診療というとまだまだ診察の一手段とするには難しいところもあるので、患者と実際に対面する診察の場が有効なコミュニケーションの場となるように、より話しやすい雰囲気をつくるように心がけなければと思っています。

それこそ「いつも機嫌良くする」ということに尽きます。

不思議なことにポジティブな気持ちでいるとうつむいてもいられませんし、自然と前を向ける気がします。

16　恐れずにできないことを認める

分からないことを聞くのも仕事のうち

できないことをできないと言うのは意外に難しい、というとおかしいかもしれませんが、私のようにある程度の年齢で、しかも組織の長であるような中高年男性には意外とハードルの高いことなのです。

状況や職種によっては、相手に侮られないために分からないことがあっても決して認めてはいけない場合もあるかもしれませんが、難しく考えずに、分からないことがあれば説明を求めるべきです。

本書では、「みんな価値がある」という神様の言葉をくりかえし引用しますが、人はそれぞれの才能や役割があるのですから、〝何でも屋さん〟になる必要はなく、完璧な人間でいる必要もないのです（これは本当に大切なところです！）。

ただ厳しいことをいえば、それが言えない人は、真実のあなたを明らかにされるのが怖いのかもしれません。しかし、できないことをそのままにしておくのは、仕事に支障も出ますから、ほんのちょっとの勇気をもって言葉にしてみることです。

［聖書のことば］

恐れるな。わたしはあなたとともにいる。たじろぐな。わたしがあなたの神だから。わたしはあなたを強め、あなたを助け、わたしの義の右の手で、あなたを守る。

――イザヤ書　41章10節

預言者イザヤが神様の言葉を伝えるところですが、私にはとても励まされる箇所で、自分を鼓舞する力になるところです。

仕事でも何でも勝負の瞬間があるものです。そうした場合に信頼する神様からそんな励ましの言葉があれば勇気100倍です。たとえば世界選手権やオリンピックなどの大舞台で自分が選手として戦っているときに、最強のコーチがすぐ隣にいて「おまえなら大丈夫！」と力強くいわれたら、「絶対に負けない」と実感できるでしょう。

キリスト教徒にとって神様は全知全能の存在です。これ以上ないほど頼もしい味方が自分のそばにいてくれると思うと、とてつもないパワーになります。そんな神様への思いについて少し述べてみたいと思います。

「信じる者は救われる」というのもよく知られていますが、これは新約聖書の「主イエスを信じなさい。そうすれば、あなたもあなたの家族も救われます」（使徒の働き　16章31節）というくだりからきています。

そもそも神様の計画に失敗はないのです。そしてすべて神様の導きですが、自分なりに取り組んでも物事はうまく進まないことがあるかもしれません。

それでも私は神様を信じ、自分にできることを必死でやり続けるほかありません。そんな絶対の信頼を前提として初めて「自分にできないこと」も胸を張って口に出せるのではないかと思います。

神様との関係は、親子の関係にたとえられます。たとえばクリニックの経営も、父なる神のみこころによって支えられています。自分が親であれば自分の子を甘やかすのではなく、子どもの思うようにしてやりたいと思うもの。そんな神様の親心のもとにある気がします。

信仰をもってみて思うのは、落ち込むことがあったとしてもその波が小さいということです。私は結構短気なほうで、それはもって生まれたものですが、そんな私でも気持ちが大きく揺らぐことなく穏やかに保たれています。

地雷を踏まない自由を手に入れる

神様は私たちを導いてくれる存在です。車の運転にたとえれば、自分で運転すればどこでも好きな場所に行けるけれど、信仰をもつというのは、神様自身が行き先を決めて連れて行ってくださるので運転を神様にゆだねて自分は助手席にいるような感じです。

リアルな世界での自動運転車は開発途上にありますが、実は2000年前から絶対に間違わない完璧な自動運転の車はあったというわけです。

信仰がもてない人は疑われるかもしれません。ちなみに神様にゆだねるというのは依存しているわけではなく、「積極的に託している」感じなのです。

ですから私に自由はありますし、甘えているのとも違います。

何もない広い荒野にぽつんといる状態をイメージしてみてください。どこでも好きな場所に行っていいのですが、実は土地の半分くらいに地雷が埋まっています。何も知らないでただ自由気ままに動いたら、絶対に地雷を踏んでしまいます。

ところが信仰をもつと、神様に運転を任せていますから絶対に地雷を踏まずにいられます。それも自由な選択によるものなのです。

地雷が埋まっている以上、行き来できる場所は当然半分になるものの、絶対に地雷を踏まない安心が得られます。信仰をもつといろいろなことができなくなると思われがちですが、不自由ではなく、むしろ逆で、信じるほうが自由なのです。

私が開業するときに、信仰があったおかげで想定以上にうまくいって驚いたことはすでに述べましたが、もし信仰がなかったら、経営がうまくいったのは自分一人の力だとのぼせあがってしまっていたかもしれません。

調子に乗って贅沢をしたり、人を見下したりしてしまったかもしれません。そんな状態だったら、分からないことがあっても正直にいえず何か大きな失敗をして、奈落の底まで突き落とされてしまったかもしれません。

そうならなかったのも信仰のおかげなのです。

多くの人に言いたいのは、何かを信じることは常に謙虚かつポジティブでニュートラルな状態を保っていられる、そんな手段を手に入れられるということです。

17 目的を一つにし成果を分かち合う

医療分野で求められる「接遇」とは？

お店やホテルなどでお客様をもてなすことを接客といいますが、医療分野ではサービスを行うわけではなく治療や検査などで状況に応じた適切な対応が必要になるため「接遇」という呼び方をします。

それは単に分野の違いだけではなく、接客よりも一歩踏み込んで、相手の状況を把握し、知識や技術を兼ね備えた高度な対応ができることも含まれています。相手に緊張や不安を抱かせないあいさつや言葉がけに始まり、医療分野であれば当然必要になる医学的な知識やリスク管理を行えることも求められます。

また相手の話によく耳を傾け、状況に応じて質問や提案などで情報収集をして、それをもとにチームで連携してすばやく業務にあたるようなコミュニケーション能力も必要です。

多くの場合、医療は医師一人の力で行うものではありませんから、こうした接遇のノウハウは医学的な知識や技術だけでなく、医療従事者すべてに必要であるといわれています。

［聖書のことば］
《26節》あなたがたの間では、そうではありません。あなたがたの間で偉くなりたいと思う者は、みなに仕える者になりなさい。
《27節》あなたがたの間で人の先に立ちたいと思う者は、あなたがたのしもべになりなさい。
――マタイの福音書　20章26節・27節

ここでいう「偉くなりたい者があなたがたに仕える」というのは、信徒の中でリーダー役となる「クリスチャンリーダー」たちがよりどころにする言葉です。

「仕える僕（しもべ）」という表現は、神のしもべでありながら人の上に立つリーダーでもあることで、自分自身が神様に仕える姿を示しながら、模範となることを表しています。

これは私自身にもあてはまるところです。クリニックの経営者として神様に仕えながら会社を経営している状況と同じです。私からすると神様が社長で自分は部長といった中間管理職の感覚。つまり最終責任者は神様ですべて神様が決めています。

神様はそのお考えによっては会社をつぶすこともあり、その意味では何が起こるか分かりませんから、私はやるべきことをやるしかありません。

組織には基本的に序列があります。それはある種の秩序のようなもので、集団で滞りなく物事を進めるためのしくみです。

一つの命令や情報、何らかのミッションを全員に浸透させるには、社長から部長、課長、一般職員へと情報が伝えられる指揮系統、いわゆるレポートラインが必要です。

大きな組織ほど役職が多くなるのは当然のことで、だからといって上位になるほど偉いというわけではありません。

ですからそこで勘違いをしてはいけないのですが、組織ではこうした情報伝達の流れがきちんと機能し、それによって物事がスムーズに流れ、滞らないことが重要です。

しかし私を含め、多くの男性はこうした序列に敏感で、かつての私のようにこのピラミッド構造の中で少しでも出世したいと願うなんてこともありましたが、本質が分かればそれがいかにばかばかしいことかが分かります。

序列は家庭にもあり、親子なら親と子という立場があります。この立場は必ずあるもので、フラットな関係ではないわけですが、組織でも家庭でも、それを柔軟で風通しの良い状態に保つことが理想的です。

私のクリニックでもなすべき目的や使命があります。立場上、私が指示を出す役割にありますが、だからといって私は自分の都合や思いつきで命令をするわけではありません。

医療施設として患者の病気を治すという目的があり、日々そのために尽力する中で、目的にかなうようなうれしいことは、ともに働く職員たちと一緒に喜びを分かち合えたら素晴らしいと思いますし、そこが目指すところです。

そのために日々知識を蓄え、技術を磨き、切磋琢磨していくわけです。そこに加えるべきなのが接遇だと考えています。

そこで求められるスキルには、状況に応じて主体的に判断し、提案したり意見がいえることも含まれるでしょう。

どんなに高い技術をもっていても、ゴッドハンドと呼ばれるような腕があっても（本当にその人しか治せない病気なら、それでも人は押し寄せるかもしれませんが）、医療施設には設備や技術、ホスピタリティなども含めた総合的な質の高さが求められると思います。

あくまで私の場合ですが、大学病院の勤務医だったときにはこんな意識はありませんでした。しかし、技術と接遇は両輪であり、どちらも必要なのです。

それができてこそ地域への貢献につながり、クリニックを通して社会と関わっていくということもできるのではないかと思います。

接遇で求められるものとは

より良い接遇を心がけるために本当に大切なことはなんだろうと考えてみると、すごく基本的なところに戻ってしまいます。そこは意外と単純で「自分がしてもらったらうれしいと思うこと」を実践するに尽きると思うのです。

いくらていねいでも紋切り型の対応をすればいいというものではありません。気持ちをほぐすような言葉がけ、安心・安全が守られるような誘導、心のこもった見守りであったり、やるべきことはひとつではありません。また、求められることは人によっても違います。

私は可能な限り率先して自らそれを心がけています。そこに職員たちにも続いてほしい。そうやってクリニックの質をさらに高めることができたら、こんなうれしいことはないだろうと思います。

18　逆境も「必ず終わりがくる」と信じる

自分のままで、新しい自分を見つける

夢は時に自分を縛り付ける鎖のようになってしまいます。「なりたい姿」や「あるべき姿」にとらわれて、「あるがまま」の姿から離れてしまうなら注意が必要です。

「何かになりたい」気持ちが強すぎると、それは今の自分は違うと言っているようなもので自分を否定することになってしまいます。こだわりすぎるのはよくないとしても、だからといって違う人にはなれないのですから自分を見失ってしまっては元も子もないし、何もしないでいいわけではありません。

前向きによりよい自分を求めて研鑽をつんでいくにはどうしたらよいか。

視野を広げ、信頼できる何かに自分をゆだねて、目の前にあること、つまり「今」に集中することしかありません。

［聖書のことば］
《3節》心の貧しい者は幸いです。天の御国はその人たちのものだから。
《4節》悲しむ者は幸いです。その人たちは慰められるから。
――マタイの福音書　5章3節・4節

ここはイエスが弟子たちに説いた「山上の説教」といわれるくだりの一部です。「心の貧しい者」が幸いだと考えられるのは、これから「富むしかない」という意味であり、「悲しむ者」も同じで、それ以上悪くなることはない、ピンチはチャンスだともともとえられるいう意味です。

そのほかに「柔和な者」「義に飢え渇く者」のほか、「義のために迫害されている者」など明らかに逆境にある人も含まれ、これらの人々は必ず報われるとしています。つらいことは多くても、こんなに苦しんでいるのだからこそ幸せになれる、つまり苦しみゆえに救いに変わるのです。

私自身、研究生活で自分を見失いかけていたとき、大学を辞めて新たな一歩を踏み出すときは自分でもかなり不安な時期でした。それでも過去の自分を捨て、生まれ変わったような気持ちになれたのは、イエス・キリストの存在が関わっています。

イエスの死で自分も生まれ変われる

まず、アメリカでキリスト教に触れたとき、私は強い抵抗を覚えました。それは私がもともと無神論者だったことに加え、日ごろ医師として論理的に物事を考えていたからでもありました。

日本人なら義務教育の過程で、理科の授業でダーウィンの進化論を教えられています。あらゆる生物は単細胞生物から進化し、枝分かれを繰り返した結果、サルから人間にまで進化したというのは、現代の一般常識です。

一方、聖書の「創世記」では、神が世界のすべてを一から作ったとされます。神は7日間かけて、天と地、太陽や月、魚、鳥、動物、植物などを作り、最後に自分の姿に似せて、人間を作ったというのです。

現代で医療に携わる者として、いつも論理的で現実的な視点で物事を見なければならない。そんなプライドのようなものを胸に掲げて、私は研究に邁進していました。だからこそ、教会で「神が人間をつくった」などという説教を受けたときには、とうてい賛同できませんでした。

「神」なんて、あまりに非現実的だ。見たことも会ったこともない存在を信じるなんてできない。そう考えて、キリスト教の考え方を断固として受け入れませんでした。

しかし、当時のアメリカ生活の、何をやってもうまくいかない袋小路の中で、私の考えは次第に変わっていきました。現実にこだわっていた私は、ほかでもなく、現実の厳しさに打ちのめされていると気づいたからです。

現実の生活の中では役立たずのように思える自分でも、キリスト教の教えのうえでは、神様の計画のもとで意味をもって作られた存在なのだ。

そう考えると、キリスト教の懐の広さを痛感すると同時に、他者からどのような評価をされても自分の真の存在価値は揺らがないのだと思えました。

神様を見たことがないというのなら、人間の進化の過程だって、誰も見たことがないはずです。真実を目視で確認できないのがどちらも同じことなら、「人間は目的をもってつくられた」というほうを信じたいと思いました。たとえ確かめることはできなくても、そっちのほうが、ただ偶然サルが人間になったというよりも、人間としての尊厳を感じられると思ったからです。

いくら頑張っても結果が出ない、答えが見つからないと、迷い焦っていたときに、「つくり主がいる」と教えられ、すべてのものには「つくられた理由がある」と知りました。そしてそれは「私たち一人ひとりにも当てはまる」ということに気づいたのです。

もうひとつ、キリスト教においてとても重要なのがイエス・キリストその人のことです。イエスは地上に生まれたものの十字架に掛けられて亡くなり、3日後に復活を遂げました。なぜ死んだのかといえば「人々の罪のため」であり、そして蘇った理由は私たちに「永遠の命という希望を与えるため」です。

「人は死んでも終わりではない」ということを知ると、希望をもつことができますし、今を大切に生きなければいけないと思えるでしょう。

神様の存在を信じ始めた頃の私でも、どうしてイエス・キリストを信じる必要があるのか、彼のことをどうとらえたらいいのかは、なかなか腑に落ちませんでした。イエス・キリストは神の子であるとは言われているけれども、やっぱり人間なのではとどこかで思っていたのだと思います。

そんなとき、やはりこれも神様の導きだと思うしかありませんが、映画『パッション』（2004年）を見る機会がありました。これはイエス・キリストが処刑されるまでの姿を描いた作品です。

映画という映像の力もありますが、イエスという人が自分の中でありありと形をもってイメージできるようになってきたのです。

そこでもうひとつポイントになったのは彼が背負った罪のことです。

最初は罪を犯していないイエスがどうしてあんなにも惨めな殺され方をしなければならなかったのか分かりませんでした。しかし考えを深めていくと、あの死は、まさに私たちの罪がどれほど醜いかを表しているのです。

そうしてだんだん、彼が被った罪は私たち、いや私自身のことなのだと思うようになりました。罪の許しを得ることは私自身ではどうすることもできないことです。唯一できることは、死によって私たちの罪の身代わりとなってくれたイエス・キリストを信じることなのだと思うようになりました。

自分の罪を背負った人のために

考えてみると神様は私たち一人ひとりを作った方ですが、さらに自分の分身としてイエス・キリストを人間の世界に送り、さらに人間として生活させることで、人間に「罪」というものを知らしめようとしたのではないかと思ったのです。

そうやって私たちの罪を背負ってくれたことを考えると、自分のためというより「人のために生きたい」と思えました。自分も一度死んだような感覚になって、昔の自分を捨てて生まれ変わったというような思いになったのです。

そうして私はこれが救われたということだと実感したのです。そうやって考えると、日々つらいことがあっても感謝と幸せしかなく、ちっぽけな夢にこだわることが無意味に思えてきたものです。

人は変わりたいと思わなくても、変わるときに変わるのかもしれません。

19　苦しさの中で見えてくるものがある

苦しいことは不幸ではない

人生には雨の日も晴れの日もあります。

つらく苦しいことがあっても、だから不幸だということにはなりません。自分なりの信念をもち、苦しさの中で「ではどうしたらいいか」と考えると視野が広がっていきます。苦難の中だからこそ見えてくることがあって、決して不幸ではないと思えるはずです。

むしろ、誰かのおかげで幸運にもうまくいったとき、それが自分の功績だと思い込んだり、浮き立って地に足のつかない状態になってしまったりしたら、それは決して幸福な状態ではありません。足をすくわれるのもあっというまです。

雨の日は晴れの日の準備をして、晴れたら天に感謝するのです。雨を降らすのも、雲を吹き飛ばすのも人間にはできないことなのですから、自分にできないことを勝手に恨んでも仕方のないことです。

苦しいことがずっと続くはずはないのです。

［聖書のことば］

順境の日には喜び、逆境の日には反省せよ。これもあれも神のなさること。それは後の事を人にわからせないためである。

――伝道者の書　7章14節

うまくいっているときは喜べばいい、逆境に陥ったらよく考えなさいといわれても、そんなときはどうしたって考えてしまいます。人は人の道を行くしかありませんから、起こったことは神様のお考えだとして結果を受け止めるしかないのかもしれません。

この「伝道者の書」は、歴史に知られるソロモン王が書いたとされていますが、「空（くう）の空（くう）。すべては空（くう）。日の下で、どんなに労苦しても、それが人に何の益になろう」というようなどこかシニカルな表現で始まります。そして人生のむなしさ、現実世界の不条理をつぶやくように綴っていきます。

古代にも現代と同じく逆境の日があったに違いなく、人の世は何千年経っても変わらないことを思わずにいられませんが、「逆境の日」で一番に頭に浮かんでしまうのは本書の発刊時点でもまだ終わりが見えない新型コロナウイルスの日々です。

私の暮らす北海道も多くの感染者が出ましたし、この先どうなるのかと不安にかられた人も多かったのです。

また、病院経営ということを考えると、感染症とは関係のない病院でも受診する人が減り、経営悪化を余儀なくされているケースが多いようです。医療に携わる者として人ごととは思えません。

早く以前のような日々が戻ってくることを祈るばかりです。

できることを何でもやろう

私のクリニックは2014年に開設してからもう7年になりますが、ありがたいことにずっと右肩上がりに業績を上げてきたものの、2020年の4月だけは前年同月比でマイナスになりました。

ついこの間のことのようですが、世界規模でパンデミックが起こるなか、日本も例外ではなく感染者の増加から緊急事態宣言が出され、春先は町から人が消えてゴーストタウンのようになりました。

職員にも不安をもつ者が多くいましたし、皮膚科のメニューには美容医療もあり、こんな時期にやる意味があるのかという迷いもありました。

そこで職員たちともよく話し合い、美容のカウンセリング業務だけは一時的に閉じることにしました。そうすると新規の来院がぐっと減ってしまい、当然それによって収入も減ってしまいました。

コロナ禍でさまざまな変化を余儀なくされた人は多いと思います。私も同じで苦境に立たされて生きるすべを模索する中、何ができるか、そしてどうすべきかということをいろいろと考えました。

少なくとも、感染対策は絶対に必要でしたから、それに関してはできる限りのことをしました。感染が深刻化した当初、マスク不足も深刻でした。医療用マスクや消毒薬もかなりの負担が掛かりましたが、覚悟を決めて対策に取り組むしかありませんでした。

そのほか接触の機会を減らすために自動精算機を入れたり、クレジットカードを使用可能にしたり、また自動で体温を測る機械を導入するなど、できることをなんでもやろうという思いしかありませんでした。

苦難の中で見えてくること

緊急事態宣言下で、急ぎではない手術が後回しにされたり、治療そのものを控えたりすることがあったようですが、一方でマスクやテレワークが長く続くこの時期だからこそ、ふだんできない治療を受けたいという人もいます。

望む人がいるなら応えたいと思いますし、私たちもありがたいところです。

苦難の中にあると、人の思いやりやちょっとした言葉がより深く感じられてくるものです。

不安や迷いが生じたとき、自分に言い聞かせるのは「思い煩うな」という聖書の言葉です。

また、すでに引用したところですが、「あすのことはあすが心配します」(マタイの福音書 6章34節)という言葉を胸に、毅然と前を向き、今できることを精一杯やっていこうと気持ちを新たにしてやっていくつもりです。

20　1日5分だけ周りの人の幸せを祈る時間をつくる

祈りには力がある

信仰をもっていてもいなくても、祈ることには意味があります。

日本では言葉には魂が宿ると信じられています。言葉に出して唱えることで言霊が生まれ、祈りに力が宿ります。

言葉に出して祈ると、モヤモヤとしていた思いを明確に意識することができ、そこから行動にも移しやすくなります。言葉で唱えることで、ほかの誰でもない自分がそれを聞いていますから、潜在意識にも刻まれます。ですから言葉に出して祈ることは、自分を変える力になるのです。

また、誰かの幸せを思って祈ると、なぜだか自分も幸せな気持ちになることを経験したこともあるかもしれません。

人を思って祈るのに自分も幸せな気持ちになるのは不思議なものですが、祈る対象が増えるほど幸せな気持ちがふくらんでいきますから、幸せもさらに広がっていきます。

祈ることで、まず自分を幸せにしてあげましょう。

[聖書のことば]
だからあなたがたに言うのです。祈って求めるものは何でも、すでに受けたと信じなさい。そうすれば、そのとおりになります。

――マルコの福音書　11章24節

イエスが祈ることの大切さを説いた場面です。

この言葉の前には「神を信じ、そして山に向かって『動いて、海に入れ』と言って、それを心から信じればそのとおりになる」と言っているのです。

少々大げさな表現ですが、それくらい本気で神に祈れば叶うのだということを強く伝えようとしているということです。

祈りの力がとても大事であることは私自身も実感するところです。

毎日の習慣として、仕事の前に大切にしているのが祈りの時間です。自宅では子どももいて朝はバタバタしていますから、仕事場に来てからゆっくり時間をとって静かなひとときを過ごすようにしています。

診療時間が始まるとかなり忙しくなりますから、その分朝は静かに心を落ち着かせたいということもあり、この時間は自分にとって大切なものだと思っています。

祈るときは、実際に口に出して言うときもあれば、心の中で静かに唱えるだけのこともあります。祈りの順序としてはまずクリニック自体のことを神様に感謝します。

次にこれまでについて感謝の気持ちを伝え、そしてコロナ禍はまだ続いていますから、まわりの人も含め、みんなが感染しないように祈ります。

そのときは自分と家族全員の名前、そして今現在23人いる職員たち全員の名前を必ず唱えてそれぞれの祝福を願います。

名前を呼ぶとその人のことを具体的にイメージできますし、私なりに思いを込めて祈っています。

祈りは現実を変える

どこの職場でもそうかもしれませんが、小さなクリニックでも何かしらの問題が起こるもので、たとえば人事や人間関係の問題などで頭を悩ますこともあるのです。

でも私としては職員と良い関係を保ちたいですし、お互いに気持ちよく働ける職場にしたいと常々思っています。しかし過去にはいろんな人がいて、良くも悪くもさまざまな出来事がありました。

でも不思議なことに一人ひとりの名前をきちんと挙げて祈るようになってから、クリニックの雰囲気や人間関係などあらゆることが良くなったような気がするのです。

職場の雰囲気が良ければ、きっとそれは患者にも伝わるのではないかと思います。

事前の準備が成功のカギ

また、朝はその日に予定している出来事を思い描いて、必要な準備を早めにすませておくように心がけています。

昔はなんでも締め切りや提出日の直前にあわてて片付けるのが常でしたが、アメリカの研究所にいたとき、ボスから「ギリギリにならないと取り掛からないのではいい仕事はできないよ」と教えられ、それからは早めに仕上げるようになりました。

もちろん仕事によってはそんな余裕がもてないものもありますが、たとえばプレゼンなどの予定があったらなるべく早めに準備をすませるようにして、前の日は何もしないくらいのほうが良い成果につながることを実感しています。

準備はとても大事です。それが万全でなかったら、予定のほうを変えてもらうこともあるほどです。

また、準備ができているかの目安としては、自分でかみくだいて解釈できているかどうかで見極めることができます。あやふやな状態だったり、納得がいかないまま進んでしまったりしていいことはありません。

そういったことも含めて朝のルーティンはとても大事です。一流のアスリートや多忙なビジネスマンでもそう言っているのを目にしますが、良いパフォーマンスを発揮していい仕事をしようと思ったら、心と体を整えておくことが欠かせません。

何よりそれは精神衛生上も非常に気持ちのいいことです。朝型、夜型の違いもあるかもしれませんが、特に朝の時間は自分のペースで時間を使うことができますのでぜひ試してみることをお勧めします。

21 みんな、愛されている

なぜ人の判断に振り回されてしまうのか？

自己肯定感とか承認欲求という言葉をよく目にする時代です。

本当はもっと認められたいのに自分に自信がもてない、もっと自分を分かってほしい、評価してほしいという人がそれだけ多いのかもしれません。

さみしさや満たされない思いから、誰かの足を引っ張ったり、成功している人を妬んだり、人の過ちをここぞとばかりに叩きのめそうとしてしまうのかもしれません。

そこから一歩踏み込んで、なぜそうなってしまうのかを考えてみると、価値基準が他人の判断によりかかっていることに気づくはずです。

あいまいで変わりやすい他人の判断にいつまで一喜一憂しているのか、そして自分は愛されたいと思っているけれど、愛そうとはしていないのではないか。こんな考え方を終わらせることが大切です。

［聖書のことば］

どうか、朝には、あなたの恵みで私たちを満ち足らせ、私たちのすべての日に、喜び歌い、楽しむようにしてください。

――詩篇 90篇14節

聖書にはさまざまな教えや教訓がちりばめられているほかに、ありとあらゆる人間が登場し、人々の苦難と喜びの歴史を感じさせてくれます。

そのなかでも「詩篇」は神様への感謝に満ちた賛美の詩がまとめられ、美しい調べに溢れているところです。

翻って、現実の私たちは愛し愛されたいと願い、愛に溢れた毎日を送っているでしょうか。聖書の「あなたの隣人をあなた自身のように愛しなさい」（レビ記 19章18節）という有名な一節もよく知られています。

ここでは神様から、愛することはあなた自身のように人を愛することだと説かれますが、本当は自分すら愛することができていないのかもしれません。

私自身、たとえば職員から「先生は愛に溢れた人ですか？」と言われたら、即座に返す言葉がないかもしれません。

自分は組織のトップとして手本としても愛を示したいと思うけれど、日常的に深い愛に溢れているわけではないのではないか、というのが正直なところです。

愛したいと思って生きる

真実の愛をもてるのは神様だけです。

神様から愛されていることを信じたとしても、人を愛し、愛されたいと思う一方で、口で言うほど実践できているとは思えません。

でも、「愛なんていいんだ」と思っているのか、あるいは「愛したい」と思って生きているかで心のあり方もかなり変わってくるのです。

現実にはいろんな人がいて、理不尽なふるまいをしたり、ネットに好意的とはいえない書き込みをする人もいる社会で、「愛」という言葉を使うことさえはばかられる気持ちになることもあります。

しかし、そんな人に対しても決して諦めてはいけないし、こちらから関係を切らない、断絶しないということは大切ではないかと思うのです。

自分を肯定的にとらえる

人を愛する確信が得られなくても、「神様から愛されている」と思えるかどうかで人生も違ってきます。

自分は愛されている、それでいいのだとありのままを肯定するのです。

人はそれぞれに自己イメージをもっていて、それが現実のあり方に反映されています。決して自分を否定せず、また同時に過信せず、そのままで価値があるという思いをもち続けることでだんだん変わることができます。

反対にそこがぐらついてしまったらまた振り出しに戻ってしまいます。しかしながらそうなったら何度でも思い直し、「自分は愛されているのだから」ということをよりどころにしていくことです。

まずは自分を受け入れる

「人はみんな価値がある」「自分は愛されている」と頭では分かっていても、なんとなく信じきれないという人は、「自分なんて」とか、「愛されるに値しない」などと、どこかに自分を否定したい罪の意識があるのかもしれません。

神様の祝福を信じる人なら、それこそ神様がその罪を引き受けてくださるので、神様を信じ、祈ることで教えを深めていくしかありません。

自分はキリスト教徒じゃないし、神様とは関わりなく自分の問題として解決したいという人は、自分を愛せない自分も受け止める、つまり「自己受容」を目指すことです。

人と比べることを止めて、「だめな自分でもいい」と決めること。自分を否定する気持ちが表れたら「また出たな」と受け流し、「まあいいか」と手放してしまうのです。

それを繰り返していると見えてくる世界も変わってきます。

22　がんばりすぎない

いい人の〝幻想〟にとらわれないで

日本人には「いい人」がとても多いと感じます。思いやりがあって、気が利いて、穏やかで心の優しい素敵な人が実際たくさんいるものです。

でも、他人に優しい「いい人」、面倒なことを言っても笑顔で許してくれる「いい人」、嫌なことがあってもそれを顔に出さない「いい人」であろうとがんばり過ぎている人もいるかもしれません。

そのために自分を追い詰めて無理をしてしまったり、他人にもそれを求めてしまったりしたら、本末転倒です。

うつやストレスの多くはこうした意識から来ています。心がへとへとになっているのに、そうしないと仕事がなくなってしまう、クレームになってしまうと恐れの気持ちが先に来て、心が萎縮してしまったりします。

許容量を超えてがんばっても誰も褒めてくれません。

自分の心は自分で守りましょう。

［聖書のことば］

すべて、疲れた人、重荷を負っている人は、わたしのところに来なさい。わたしがあなたがたを休ませてあげます。

――マタイの福音書　11章28節

聖書のこの一節は、読んだだけで涙が出そうな優しさに満ちています。

ここは特に日本人向けだといわれるところで、欧米の人には実際それほど響かないといわれています。でも、それだけ日本人は無理しすぎてしまっているのです。

がんばることが当たり前になって、なぜこんなに必死になっているのかも分からなくなり、ひたすら果てしなくがんばっている、あるいはがんばらされているという人に会うことがあります。

患者のなかに、常に疲れた様子でしきりに「休みがない」とこぼす男性もいます。

何時間働いているのかと聞くと、24時間ほぼ休みがないこともあるといいます。治療のために塗り薬などを処方しようとしても、「薬を塗る時間もない」という返答で、なんだか私まで暗い気持ちになってしまったものです。

また、うつ病が増えているのも心配です。

大学時代の同級生で、「まさかあいつが」と思ってしまうような人がうつになったという話を聞きました。それも1人ではありません。

いろんなことが大変な時代ですし、うつに関しては決して特別な病気ではなく、誰でもなる可能性があります。

なるべくなら適切な休みをとって治療のことも考えてもらいたいと思いますが、うつ病が当たり前になってしまうこの社会の悲しさを感じます。

ストレスはなるべくためずに解消を

適度なストレスは、元気なときにはむしろ刺激になり、がんばるためのモチベーションとして有効なこともあります。ですが、思うようにならないこと、コントロールできない状況があまりに続くと、だんだんと心を蝕んでしまいます。

エネルギーを消耗し、心も体もぼろぼろに疲弊して鬱々とした気持ちから抜け出せなくなってしまうようになります。

多くの場合、うつ病は、ある日突然発症するわけではありません。最初はちょっとした違和感や戸惑いを覚える状態から、少しずつ元気がなくなり、だんだんと感情そのものが希薄になっていきます。途中でどうして止められないのかと思いますが、自分のことも客観的に見られなくなってしまうようです。

人がそんな状態になりかけていたら、誰かまわりの人が気づいて、休みをとらせるなり何らかの処置をしてあげることができなかったのかと思います。気づいているのにそのままにしていたなら、それこそ大きな問題です。

うつに限らず、病気の理由には個人の体質によるものと、環境からの影響の両面があります。ですから病気に至る経緯は人それぞれですが、うつになると、眠りたいのに眠れなくなったり、あるいは逆に朝起きられなくなったり、自分でコントロールがきかなくなりますからそれもつらいところです。

疲れがたまっていると思えば休息が必要ですし、あるいは好きなことをしてストレスを解消しようとか、エネルギーを充電するとか。早い段階でそういう手段がとれないとどんどん悪い方へと進んでしまいます。

何のためにがんばるのか？

どんな場合でも「がんばりすぎ」は論外ですが、「なぜがんばるのか」「そもそもがんばらないといけないことなのか」を明確にする必要があります。

奴隷に目的やゴールを告げずにひたすらレンガを積む指令だけを与えたところ、みんな頭がおかしくなってしまった、という話があります。どんな労働でも目的意識がないとダメなのです。

何のためにがんばるのか。どんな場合でもその「目的」が必要です。

その目的があなたにとってとても重要なことで、それにもかかわらず実行が困難なら、しゃにむにがんばる前に「やり方」を考える必要があるでしょう。

一方、もし目的を考えてみて意味のないこと、やる必要がないことであれば、そもそもがんばる必要のないことです。

強要されて納得のいかないことならきちんと話し合うべきでしょう。自分を見失うほどがんばる必要のあることなんて、そうそうこの世にはありません。

23　コツコツと続けることを大切にする

続けることは楽しい時間かもしれない

千里の道も一歩から、といいます。

小さなことをコツコツ積み重ねていくのが、元々好きだという人もいるかもしれません。あるいは、そんなに好きではなくてもこれまでやってきたという場合もあるでしょう。物事は一朝一夕に達成できることばかりではありませんから、何かの道に秀でるには才能だけでなく、地道なトレーニングが必ず必要になるものです。

華々しく偉業を達成した人でも、ほとんどの場合にはコツコツやっていた時期がやはりベースになっていたものです。

コツコツ続けることとは必ずしもつらい時間とは限らず、我慢を強いられる時間でもないという場合もあるようです。毎日何かの練習や勉強を続けることは、それについて考え、思いを巡らすことであり、それはもしかしたらとても楽しい時間なのかもしれません。

世の中にはそうしたことが苦にならない人や、ある事に関して時間が経つのも忘れて没頭してしまうという人がいます。それが本当に才能のある人といえるのかもしれません。

[聖書のことば]
小さい事に忠実な人は、大きい事にも忠実であり、小さい事に不忠実な人は、大きい事にも不忠実です。

——ルカの福音書　16章10節

私自身、華々しく大きな仕事、目立つ仕事、評価が得られる仕事に魅力を感じてしまうことは確かです。

しかしそのために必要になる雑用的な仕事や作業に関して、正直なところ避けがちだったのも事実です。

でも、多くの仕事には地道な作業や下準備が必要なことも分かっていますから、それをうとましく思ったわけではありません。

かくいう私はコツコツ積み重ねるようなことも意外と好きなほうです。

仕事以外では英会話がそうです。学生の頃からいつか留学をしたいと思っていましたし、ラジオの語学番組をカセットテープに録音して繰り返し聞いたりするような勉強はとても好きでした。

今でいえば、筋トレにハマっています。最初はダイエット目的で妻とともにジムに通い始めたのですが、定期的に通っていると少しずつ目標を達成できてやりがいを感じます。やはり成果が明確に見えるというのがいいのかもしれません。

本書では夢や目標にとらわれるのはだめだ、と再三お伝えしていますが、こういう場合の目標は、自分を駆り立て、前を向かせてくれるので非常に有効です。むしろ目標とはこういう場合に設定するためのものだといえるでしょう。

毎日のリアルな状態を記録して、どこまで変わったかを確かめ、達成したらさらに上を目指す。こうした場合には明確に数字で管理して客観的に把握することが欠かせません。筋トレに関しては妻と週2回、自分だけでプラス週2回と足繁く通っていて、現在はベンチプレスで100kgを達成したところです。

新たな自分を発見する楽しさ

筋トレの場合、私の負けず嫌いな性質が刺激されているということもあるかもしれません。さらに自分の中のチャレンジングスピリットや向上心など、あまり意識していなかった自分の一面に気づかされることもあります。もともと医師の仕事は体力勝負なので、忙しい毎日をクリアするためにも必要ですし、健康維持にも役立っています。

加えて言うなら、ダイエットが成功して10kg近く痩せたことで、見た目を意識したり、美意識をもつ感覚が理解できるようになった気がします。

皮膚科というと、男性と女性でどうも印象が違うようで、私は病気やトラブルの治療が主だと考えていましたが、特に女性の目から見ると美容医療というのはとても気になる診療科目のようです。もちろん、見た目の問題はいまや女性だけの関心事ではなく、肌のケアや脱毛、薄毛治療など、見た目を美しく保ちたいという方が男女問わず来院されます。筋トレによって自分の意識が変わったことで患者を理解することにつながるのも意味のあることかもしれません。

仕事終わりに、「今日はちょっと面倒だな」なんて思うときもありますが、行くとむしろ体がすっきりしますし、筋トレをすると頭も冴えます。コツコツ続けることのメリットとは少し違いますが、いろんな発見があるものです。

最新の情報を集めて治療に役立てる

コツコツ行っていることはほかにもあります。さきほど美容医療についても触れましたが、こうした分野も含めて医療業界は日進月歩です。医療機器はどんどん新しいものが出ますし、医療技術や治療法などの研究も続々と発表されます。

大学で研究に重きを置いていた頃は当然欠かさずチェックをしていたものでしたが、忙しくても常に最新の情報を仕入れるようにしないと、あっというまに取り残されてしまいますので、決しておざなりにしてはいけないと思っています。

開業医の場合、実際のところ外からは分かりにくいですが、それぞれの知識や技術の力にはかなりの違いがあり、それが腕の差になっていると思われます。情報を統合して治療に活かしていくことが、一つの病気を治せるか・治せないかにも関わってきます。

医師は家庭教師のようなもので、患者の病気を確実に治すことに存在意義があります。そのためにできることはコツコツ続けて、良い教師にならないといけないと思うのです。

24 うまく話すのでなく〝聞き屋〟を目指す

聞くことと話すことのバランスに注意を

自分が話すことに夢中になって、なかなか人の話を聞けないという人もいるかもしれません。仕事でもプライベートでも、コミュニケーションのうえで大事なのは、まずは話すよりも相手の話に耳を傾けることです。

医師としての立場からいうと、話を聞くことこそ仕事です。

対面して症状や体の状態を把握するとともに、その症状がいつからどんなふうに起こって、今はどうなのかを患者ご本人から聞き取ります。そのとき患者が言いたいことを聞くのはもちろんですが、治療のためにこちらから尋ねなければいけないこともあります。

現実的には診察室の外で待っている患者もいますから、時間は限られていることも多く1人の患者に際限なく時間が掛けられるというわけではありません。

でもどんな状況でも聞くことができないとこちらから話すこともできません。それはどちらに偏ってもいけないものです。話がきちんと聞けているかは日々自問するしかありません。

［聖書のことば］

愛する兄弟たち。あなたがたはそのことを知っているのです。しかし、だれでも、聞くには早く、語るにはおそく、怒るにはおそいようにしなさい。

——ヤコブの手紙　1章19節

神の計画がなしとげられるために、人はどうあるべきかをヤコブが伝えたというくだりです。文字通り「語る」より「聞く」ことを重視し、感情的になってすぐに「怒る」のは控えなさいということです。これはキリスト教に関係なく、耳が痛い人も多いでしょう。もちろん私も例外ではありません。

クリニックに訪れる患者一人ひとりの声を、なるべく時間を掛けてとことん聞きたいのが実情ですがそうもいかず、日々迷いながら、探りながらというところです。

人によって短時間で終わることもありますし、必要だと判断すればもちろん時間を掛けることもあります。

話の聞き方として、といってもこれはいろいろな分野で取り入れられている手法ですが、オープンに聞くやり方と、クローズに聞くやり方の2種類があります。

オープンに聞くというのは「今日はどうしましたか？」と大きく投げかけて、より情報を多く集める方法です。入り口を広げておくことで話しやすくなり、また思いがけないところから解決に役立つようなきっかけやヒントが見つかることもあります。

ただし答えの幅も広くなるため、話が広がりすぎて収拾がつかなくなる可能性も出てきます。また、答える側が何をどう答えたらいいのか分からなくなる場合があります。

反対に、クローズな聞き方というのは話をある程度限定して聞く方法です。事前の情報やその場で気づいたことを基に「○○は○○ですか？」と入り口を狭めて問いかけるもので、イエスかノー、あるいは単語で答えられるため、話すのが苦手な人やどう話したらよいか困っている人には答えやすくなります。

話を聞かない人と思われないように

患者の多くは当然助けを求めて来ているわけですから、それを十分に聞かないまま話を誘導しすぎたりすると、(早く終わらせたいんだ) と受け止められて、(この先生は話を聞いてくれない) という落胆につながってしまいます。私もそれは本意ではありません。

医師の問診というのは、患部の状態を見るだけでなく、患者の一挙手一投足を医師の観点で観察するものですが、これまでの経験をもとに、ある程度何をどう聞けば判断できるかという目安があります。

ただし治療のためには、現在どんな状態で、治療には何をしないといけないかを理解していただく必要があります。たとえば皮膚に発疹ができていて、それがいつからできて、どのような状態かというのは患部を見るとある程度推測がつくものですが、やはり確認のためにそれを患者から聞くことも重要なのです。

推測される原因はもちろん、どれくらいで治りそうか、またどんなことに注意する必要があって、どんな治療が必要なのかというのを納得していただかなければいけません。

しかし診察では私だけでなく看護師もいるので、医師の自分には言いづらくても、看護師には話してくれるという場合もあり、そこは臨機応変に対応しています。

家族の会話の場合でも、長男や長女はすでに離れて暮らしていますが、やはり子どもたちは母親とは密なやりとりをしているので、私は子どもの現状を妻から聞くことも多いのです。話の引き出し方はさまざまで、ほどよい距離を保ってコミュニケーションができれば、それはそれでありかなと思っています。

相手に興味をもつことから始まる

話を聞くということでいえば、取引先との会話をうまく成立させたいけれど、自分はあまり会話の糸口をつかむのが得意ではないという場合もあるかもしれません。そんなときもなるべく聞き上手になるのがよいといえます。

しかしこれは決して「テクニック」ではありません。

会話の根本は話をしたい、聞きたいという思いがあってこそ。仕事でどうしてもつき合わなくてはいけない相手だとしても、相手に何かしらの興味をもち、糸口をつかむためには相手のことをよく想像し、共通項を見つけて話題を投げかけてみるしかありません。

苦手な相手でも最初のボールをこちらから投げてみて、会話のキャッチボールができれば意外な発見につながるかもしれません。

25 人生を〝お任せ〟してみる

任せることで、もっと大きくなれる

あなたの大切なものはなんでしょうか。家族や仲間、財産、あるいは立場や役職など、人によって違うでしょう。

何かを任せる、委ねるというのは難しいものです。信頼がないとできないでしょうし、中途半端な形でゆだねても、うまくいかなかったとき今度は相手を責めてしまいかねません。

まして大切なものを手放すのは誰でも怖いものです。それによって日常生活のありようが変わってしまうかもしれませんし、人が自分のもとから去ってしまうかもしれません。

しかし、手放したくないと意固地にしがみついても、自分の手の中にある以上のものは得られないのです。

手放すことができない理由は、執着する心があったり、将来の期待が大きすぎてしまうこともあります。でも、少しでも変わりたいのに変われないと思うなら、何かに自分を任せて手放してみると、違う世界が意外と近くにあることに気づくことができるでしょう。

［聖書のことば］

人は心に自分の道を思い巡らす。しかし、その人の歩みを確かなものにするのは主である。

——箴言　16章9節

人は自分の意志で歩いているつもりでいますが、実はその歩みを支えているのが神様なのだと説くくだりです。これは信仰が深まるとともに、その重みを実感するところです。

神様の恩恵は、イエス・キリストが私たちのために無実の罪を背負ってくれたことからも分かります。罪の意識が何なのかを知るには、最初の人間であるアダムとイブがしたことまでさかのぼりますが、人間は実に罪深い存在であり、その究極的な罪というのは、「私たちが神様から離れてしまっている」ということもあります。私たちが神の大きさに気づかず、神を神と認めないことも含まれているのです。

それはまるで、父なる神に対して（私たちは子どもなのに）、「私はあなたの子どもじゃない！」と言っているようなもの。子どもからそんなことをいわれたら、なんとわびしく悲しいことでしょうか。神様からすれば、そこは子どもですから「ああ、現実を分かっていないないのだな」「本当の世界が見えていないのだろう」と思うでしょう。

本書では「夢をもたない」ということを、自分の可能性をひろげる生き方として伝えているつもりです。

かつて私がアメリカでの研究者時代に行き詰まったとき、神様の教えに出会ったことがきっかけで心の目が開かれ、人生が大きく変わり始めたことを多くの人に伝えたかったからです。

過去の自分は人と比べることで自分の位置をいつも確かめていました。でも絶対的な神様の導きにゆだねたら、もっと大きな世界を知ることができ、確かめる必要なんてないのだと思えるようになり、現実に大きな祝福が得られた実感があるのです。

乗り越えられない試練はない

神様を信じていたら不安や困ることはないのか、そんなお気楽なと疑問に思う人もいるでしょう。もちろん困難な出来事に出会うこともあり、どうしたらいいかと途方に暮れてしまうこともあります。

そんなときに読みたいのは聖書のこんな一節です。

「神は真実な方ですから、あなたがたを、耐えられないほどの試練に会わせることはなさいません。むしろ、耐えられるように、試練とともに脱出の道も備えてくださいます」

（コリント人への手紙　第一　10章13節）

これは聖書の一節だと知らないまま、多くの人が何気なく使っているフレーズです。試練に遭っても大丈夫という意味合いで、あるいは励ましの言葉として、人に、あるいは自分に向けて言い聞かせるように使われていることが多いと思います。

人生には思うようにならないことがたくさんあります。むしろそればかりだと思うほどですが、なんとか乗り越えよう、きっとできると思わせてくれるのも神様なのです。

聖書には夢物語ばかりがおさめられているわけではなく、信じられないような悪人やひどい所業も出てきます。イエス・キリストの苦難は想像を絶するものですし、自分の土地を求めてさまよい歩く人々や迷いの中で生きた人間くさい逸話が詰まっていて、さまざまな人生が垣間見られるものです。よく「無人島に行くなら聖書を持って行く」といわれるのも納得できるところです。

しかし長く読み継がれ、教え自体が受け継がれてきたのは神様を信じて教えを伝えてきた人々がいたからであり、それだけ神様の存在が大きかったということです。

よりよい世の中をつくるために

聖書を読むと、２０００年の昔から人間は全然変わっていないと思わざるを得ません。現実に不和や諍いが絶えず、平和を望みながらその反対の世の中を生きているのが人間です。

聖書の世界では平和な世をつくるのは神様だとされ、こんな言葉もあります。

「平和をつくる者は幸いです。その人たちは神の子どもと呼ばれるから」（マタイの福音書　５章９節）

ここから分かるのは、平和への道のりこそ神様の導きだということです。

よく「平和」の反対は「戦争」だとされますが、平和の反対は「混沌」ではないかと思うのです。それは秩序がない状態のことです。

神様を信じることでこそ、平和な世の中を実現することができるのかもしれないと思わずにいられません。

[Chapter 3]

夢をもたず、「今」を大切に生きる

あなたらしく「今」を充実させる

私は夢を追ってアメリカに渡ったにもかかわらず、さまざまな壁にぶちあたり、仕事も家族もすべてうまくいかなくなってしまいました。ところが、自分自身を見失ってしまった一番苦しい時期にキリスト教の教えに出会い、神様の心を感じて生きるようになったらすべてがうまく回り出したのです。

振り返ってみて思うのは、「夢をもたない」生き方とは、「夢にとらわれない」生き方であり、ちっぽけなこだわりから解放され、もっと「大きなものに自分をゆだねること」でした。

もちろん私と同じように神様の導きを祝福だと感じていただければこんなにうれしいことはありません。ただ、大事なことは不安や執着などの制限から解き放たれ、「今・この瞬間」を充実させることで、あなたらしい人生を実現させることです。

かつての私は、自分を知り、それを確かめるには「人と比べること」しかないと思っていました。受験から学生時代にかけて試験や成績で学力を競い合うように、論文の数などの実績を人と比べ、どうしたら人より秀でて、人より価値のあるものを勝ち取れるかばかりを気にしていたのです。そこには地位や名誉、報酬の大きさも含まれています。

人生が変わった今分かることは、それらはどんなに価値があるように見えても、「手段」に過ぎないということです。

手段は目的を叶えるためのものです。大事なのは目的のほうで、物事が「何のためにあるのか」が分からなければ、すべてむなしくなってしまいます。

意味や目的が見つけられないでいると、人と比べることでしか自分を見つけられない状態になってしまい、それは実体がないも同然です。手にしたとたん、するりと消えてしまう幻のようです。

私はこれからに向けて意味のある「目的」こそが重要だと気づいたとき、ずいぶん遠回りをしてきたような気持ちになりました。今までの人生が無駄だったとは思いませんが、気づくまでに長い時間を費やしてしまったように思ったものです。

目的はきっかけであり、目的のある人生は現在進行形です。先の見えない喜びに満ちていて、自分の頭でこしらえた夢よりももっと大きな未来を呼び寄せてくれます。

目的を果たすために何をしたらいいいか、どこまで達成できているかと考えるだけでも心がワクワクしてくるでしょう。物事に対するモチベーションの持ち方が大きく変わってきます。

それこそ「今」を生きている状態です。

過去へのこだわりが邪魔をする

もしあなたが十分に「今」を生きていないとしたら、体がここにあっても、あなたの心が今に存在していないのかもしれません。「自分は、今こうして現実に生きているのにどういうこと?」と思われるかもしれません。人の心にはいろんなものがないまぜになっています。

とらわれているもののひとつは「過去」への執着です。かつての成功体験にとらわれたり、反対にうまくいかなかったことをいつまでも悔やんだり。心が過去にとどまりつづけていたら前に進むことはできません。

その中には自分の心にひそむプライドというモンスターの存在もあるかもしれません。前向きに生きるための支えになるならいいですが、逆境においては現実から目を背かせ、自分の進化を阻む原因になりかねません。

かくいう私の場合もアメリカに渡ったとき、日本では上司に引き立てられて万事がうまくいっていたのだから、同じようにすればやっていけるだろうと思い込んでいた苦い記憶があります。小さな世界でいい気になって、井の中の蛙だったことを思い知らされたのです。

今思い出しても何とも言えない複雑な思いになります。

あの4年間を思うと、今でも心にわずかなしこりがあるというか、私にとってはトラウマをもたらした期間ですが、でも、一方で、今の自分につながる大きな変化のきっかけを見つけた期間でもあります。

将来への不安が自分を立ち止まらせる

もう一つ、心を今から遠ざけてしまう要因は「将来」への不安です。

見えない未来を楽しみに思う気持ちは、本来ならモチベーションの源泉になってもいいはずですが、期待と不安は裏表の関係にあります。

「うまくやらないといけない」「失敗したくない」「誰かの期待を裏切りたくない」……そんな気持ちが心を萎縮させ、挑戦に向かう気持ちや自分を変えることをためらわせてしまうのです。

そのために「準備ができたら」「お金がたまったら」「～になったら」と挑戦しない理由ばかり思いついてしまいます。

不安を払拭できないのは、過去から現在、そして未来へと続く時の流れを分断してしまっているようなもの。それをつなぐのは人の思いです。

人は頭で考えてモチベーションをもてるようになるわけではありません。自然な心の発露として「～のためにがんばりたい」という思いがあって、初めて人は今を見つめて、前へ進んでいこうという思いになります。

それこそが目的です。

誰のためにがんばるのか

意外に思われるかもしれませんが、人というのは、「自分のため」だと意外とがんばれないのです。自分の夢ややりがいを追いかけたら、どんどん進んで行けそうに思えますが、肝心なところで「まあいいか」と諦めてしまったり、ちょっとうまくいかないとすぐに楽なほうへ逃げ出してしまったりするなど、人は意外と踏ん張れなかったりするものです。

ところが家族や同僚、恩人など大切な人の顔が浮かぶと、火事場の馬鹿力ではないですが、意外と踏ん張れるものなのです。

たとえば、子どもを抱えたお母さんは強いです。子どもを守ることを目的に据えるとしたら、そのためには自分も大切にしなければいけません。こまごまとした世話をしたり弱いものを守る優しさだけでなく、強さや経済力も必要です。

守るもの、大切にしたいものがあるとがんばれるというのは、人は自分より他者を守るようにできているのかもしれません。

大きな祝福に気づいて私は変われた

私の場合、それこそが神様の存在でした。

信仰をもってからはすべての恵みが神様からの導きだと感じます。私は神様の教えを知ってどんどん学びを深めていきました。没頭するほど聖書を読みあさり、夢中になっていったのです。神様に出会ってからも、迷っていた時期、足踏みしていた時期もありますが、神様の言葉が私を支えてくれたと思います。

私は帰国してから、数年の間は迷いながら大学に身を置き、研究と臨床に明け暮れていました。研究者としての道に行き詰まりを感じても、だからといって私はすぐにクリニックの開業を目指したわけではなかったのです。それを思うと今の私は、過去の私がまったく想像もしなかった私自身です。

人生とは分からないものです。

私は大学を辞めるとしたら、単身赴任になるのを覚悟で地方の大きな病院に行くか、札幌市内で転職をするか、そんなふうにこれからの選択肢に思いを巡らせていました。最初は開業なんて考えは本当になかったのです。

先の項目で少し触れましたが、自分でも予想していなかった意外な巡り合わせで開業をすることになり、その結果として今があります。

同じ医療の世界とはいえ、研究の道を歩むのとクリニックを経営して多くの人を助けるのはまったく違います。やってみて思うのは、昔と比べて物事をクリエイティブに考えて、とても私らしくいられるということです。明らかに現在の働き方のほうが自分には向いていると思わずにいられません。ここが自分の居場所だと思うと、心に喜びがじわじわと湧いてきます。

そして私は（ああ、これはすべて神様が与えてくださったものだ）と感じました。

そう思うからこそ、自分の都合で仕事を辞めることはできないですし、簡単には投げ出せないという思いも生まれます。

しかしそこにある気持ちは（逃げられない）という考えではなくて（ここでやっていくんだ）という覚悟です。

そう思えたもうひとつの理由は、そのときは明確に意識していませんでしたが、「失敗してもいい」「もしうまくいかなくてもそれも神様の祝福だ」と思えたことです。

もうそれなりの年齢になっていて、さらに借金を抱えるわけですから、もし本当に行き場をなくして家族を路頭に迷わせてしまったらどうしようと思ってもおかしくありませんでした。

とはいえ何かに挑戦する時に、細かいことを考えていては前に進めません。私は神様の大きな懐に抱かれているような、良いことも悪いこともすべて神様に預けるような気持ちで新しい扉を開いたのでした。

使命や才能を発揮する幸せを感じて

悩んでいた頃と今が違うのは、（これが自分のやるべきことだ）と思えるようになったのと同時に、（私の使命はここにあったのだ）という気持ちになったことです。

本来、誰もが使命や才能をもっています。でもそれになかなか気づけなかったりします。私自身、開業して初めて研究よりもクリニックの経営にこそ自分の才能があり、ここでがんばること、そして才能をフル活用することが自分の使命なのだと思うようになりました。

そしてやるべきことにエネルギーを注ぐことこそ「やりがい」だと思います。そうすると「今」に集中している実感も得られるのです。

それはどんな人の、どんな仕事でも同じはずです。医師には医師の、そしてほかのどんな職業の人にもそれぞれの才能と使命があり、しっかりと充実させることが幸せの源泉であるのです。

私は医師として目の前の患者を治すのが仕事ですから、「その人を治すために常にベストな方法を選びたい」という気持ちで日々従事していますが、それと同時に「がんばることが神様のためになればいい」という気持ちがあります。

あんまり神様の話ばかりすると引いてしまう人がいるかもしれませんが、私の信仰について、もう少し述べさせてください。

アメリカにいた頃、私は妻とともに洗礼を受け、信徒の列に加わることになりました。

そして私はいろいろなことに気づかされました。

私たちは生かされている

私も以前は仕事が一番でした。もっと認められたい、もっと成功したいという気持ちで自分を駆り立て、がんばることで名誉も報酬も得られれば、それで家族を養っていくことができるし、すべてがうまくいくだろうと思っていたのです。

でも、家族のためとはいってもそれは大義名分のようなもので、それもどこかから借りてきたハリボテのような価値観。目的があってないような状態でした。

自分の核がなかったので、あいまいな自分を確かめるには人と比べるしかなかったですし、何かがうまくいかなければただひたすら落ち込むだけでした。

でも思いがけず教会に通うようになり、神様のことを信じる気持ちが高まっていくと、ものの見え方が変わっていきました。世界がクリアになっていくような感じです。

過去の自分が小さく見え、言葉ばかりで本当の意味ではおよそ大切にしていなかった家族をもっと尊重しようと思うようにもなりました。

しかし仕事に対しての自負は変わらずありました。両方が大事だとしても、神様と仕事の両方に仕えることはできません。

信仰は揺れることもあります。特に私は何事も自分なりに納得をしたいと考えるほうですから、学びながら考え続けていました。

そして私は仕事を通して神様に感謝することができる、という姿勢が一番しっくりくるし、日々の仕事に精を出しながら、神様を尊ぶことができると気づきました。

それはつまり、自分の「目的」がそれまでと変わったのです。

明確になり、一本化したといってもいいかもしれません。それからはさらに仕事も順調になり、そうなると神様への感謝の気持ちもさらに高まります。

自分の人生も、すべて神様から与えられているという気持ちになります。私の心に「神様に生かされている」という実感が得られるようになり、「もっと神様に捧げたい」という気持ちで、仕事にかける情熱もむしろさらに充実していきました。

目的はとても大事です。自分がやっていることに意味を感じられますし、過去から未来へと続く流れに一本の筋が通るような気持ちがします。

私がそもそもキリスト教を信じるようになったきっかけの一つに、「神様が目的をもって人間をつくった」ことに対して大いに納得できたことがあります。自分も目的をもって生きたいという気持ちがどこかにあったからに違いありません。

私は神様によってだんだん変わっていきましたが、何を大切にするかは人それぞれなのかもしれません。

自分が信じられるもの、これが使命だと感じられるもの、あなたが信じるものに、もっと自分を託し、ゆだねてみるときっと人生を変えることができます。

稼いだお金は誰のものか

ここで、信仰についてよく聞かれる「お金」のことについて説明します。神様の導きで仕事が見つかり、お金を稼ぐことにつながったとしたときの、「稼いだお金は誰のものなのか？」とか、「お金儲けをしてはいけないの？」というような質問です。

結論からいうと、きちんと働いてお金を稼ぐことは何ら悪いことではなく、それも祝福の一種と考えることができます。

そもそも私はキリスト教を信じているとはいっても聖職者の立場ではないですし、生きていくために、そして家族を養うために収入を得ることは必要です。

そのほかにもクリニックを維持するために、設備や消耗品はもちろん、診療を充実させるために職員の数も積極的に増やしてきましたから、そこにも少なくない経費が伴います。

また新規の患者に知ってもらうためにクリニックのブランディングにも力を入れていて、広告などにもお金をかけています。ですから一般的な実業家と同じように世の情勢に目配りし、経営戦略にも頭を悩ませています。

いくら神様の導きで職を得たと思ったとしても、だから何の努力もしなくていいというわけではないということです。

そして、自分で稼いだからといって、全部自分が独り占めするようなことはありません。キリスト教の場合では、収入は神様の祝福によって得られたわけですから、まず神様に「献金」という形で捧げ、余ったもので生活するのがよしとされています。聖書の「創世記」のカインとアベルの例を思い出してみてください。

世の中には「募金」の形で恵まれない人や困っている人にお金を集める方法もありますが、これは少し違う意味のものです。自分のもっているお金の中から余っている分をあげることを指しています。

これは「寄付」にも似ていますが、欧米の人がよく寄付を行うのはキリスト教とは関係なく文化の違いであって、神様に捧げるのが本来のあり方です。

稼いだ富は世の中に還元する

献金をするのはクリスチャンにとって神様から与えていただいた「神の栄光を返す」という意味があり、とても重要なことです。当然、信仰のバロメーターになるものです。口では自分は神様を信じているといっても、お金を出し渋ってしまうような人は、真に忠実な信徒であるとはいえないでしょう。もちろん聖書にはそんな人も出てきます。

格好をつけているように聞こえてしまうかもしれませんが、今の私なら、神様を信じることで与えてもらったものは「自分で稼いだものと考えてはいけない」と思います。やせ我慢とかきれいごとを言っているわけではなく、そう考えると本当に純粋な気持ちで感謝できるのです。

そうはいってもお金に関しての考え方は人それぞれです。苦労して稼いだお金をどう使うかについても、人によってまったく違うでしょう。

せっかく稼いだのだから、しっかり溜め込んで大きく増やそうなんて考えていると、何かの拍子でそれを失ったとき、あまりの落差にショックを受けて、立ち直れなくなってしまうのではないかとむしろ心配になってしまいます。

昔から「金は天下の回り物」といわれます。今はお金がなくても、何かのきっかけでいつか回ってくるという意味もありますし、またお金を持っていたとしても、思いがけず失うことがあるという意味もあります。

私自身は、自分のもとに入ってきたお金は、世のため人のために回し、有効に使いたいと思います。

そして、本当に神様に助けてもらったと思えるからこそ、神様にはいくら払っても惜しくないと思いますし、得たものの多くを神様に捧げたいという気持ちです。

喜びを感じる瞬間とは

先ほど人は自分のためには意外とがんばれないものだといいました。誰かのため、何かのためならもっとがんばれる、そしてやりがいをもって自分の仕事に取り組むと、苦しくてもそれはやっぱり楽しいことなのです。

私が医師として喜びを感じるのは、やはり患者が治っていく瞬間です。それまで強張った表情だった患者が笑顔を見せてくれたり、感謝の言葉を伝えてくれたりしたら、これ以上の喜びはないと感じます。

そして、その喜びを職員と分かち合うのは何物にもかえがたい瞬間です。

皮膚の病気やトラブルは、原因がすぐに分からない場合もありますし、かゆみや痛みがなかなかおさまらなくてつらい思いをすることもあります。

特に小さな子どもが苦しんでいて、お母さんや付き添いの方が（代われるものなら代わりたい）とでも言いたげな表情で見守っていたりすると、医師としていたたまれない思いになります。ですからそんな状態が解消されたときは本当にうれしいものです。

また、開業前は美容医療をあまり重視していなかったのですが、皮膚科の領域は広がっていて、しみやしわのケア、脱毛、男性型脱毛症・薄毛（AGA）の治療などもあります。これらは自由診療ですが、それでもぜひ受けたいという人が多くいます。悩みに寄り添って、改善の手助けになるという点ではやはり意味があるものだと考えています。

日々、うれしいこともつらいこともありますが、こうして感情の変化に触れることは今を生きている実感につながると思うのです。

つらいとき、私は「神様は耐えられない試練は与えない」という言葉をかみしめますが、神様を信じるも信じないも、そして幸せを感じるも感じないもすべて自分次第だと思わざるを得ません。人が信じるものはそれぞれであり、誰しも心に自分の神様を宿しているのではないかと思うのです。

揺らがない自分を探る

私がこの本で多くの人に伝えたいと思ったのは、繰り返しになりますがかつての私が劣等感をもったり、そうかと思うと有頂天になったりしてぐらぐらと揺れていたのが、信仰によってどっしりとした土台ができ、人生が変わったということです。それに伴って自分自身のセルフイメージも変わったように思います。

神様のおかげで多くのものに恵まれ、そして助けられましたが、それでも裸一貫でやってきたという思いもあります。ときには回り道をしながらここまでやってきて、現在は少しくらいのことでは揺らがない確信があります。

そんなふうに思えるようになったことも本当にありがたいものです。

本当の自分をどう知るか

神様との出会いで自分が変わっただけでなく、よりよい人生を生きるためにとても重要な指針を得られました。

どう生きるべきかということは、考えてみるだけで意味があることですし、すぐ答えの出ることではないですから、日々問いかけていると、思わぬときにその「答え」となるべき出来事に遭遇することがあります。ですから「問うこと」はとても大事です。

自分というのは、意外と自分からは見えません。何かあったときのとっさの反応で、自分の本心、あるいは本性とでもいうべきものが、外に表れることがありますが、ふだんは(自分とはどんな人なのだろう)と思いながらも、意外と自分の色眼鏡で見たいように自分のことを見ていたりするものです。

もっと自分について知りたいと思ったら、身近な人、信頼できる人に聞いてみるのも一つの方法です。

私の場合、妻が最良のパートナーです。昔の自分は家族を守るといいながら、自分の都合を優先していたものでしたが、今では仕事のことでも何でも言い合える存在です。これを言うと驚かれますが、別に隠しごともないので携帯を見られても問題ありません。妻や家族に出会えたのも、やはり神様の導きです。

そして「あなたはこんな人よ」といわれても、それも一つの見方であり、それですべてでもないでしょう。自分とは、人生をかけて突き詰め、探っていく存在なのかもしれません。

放蕩息子でも愛される

本書では聖書のお話や愛に溢れた言葉を紹介しましたが、もう一つとても印象的で、神の愛に溢れたお話を紹介したいと思います。それは「放蕩息子」（ルカの福音書　15章11～32節）のくだりです。

ある男に2人の息子がいて、長男は堅実なタイプでしたが、次男は遊び暮らすような放蕩息子でした。あるとき財産を分けることになり、父は弟にも財産を分け与えます。弟は当然放蕩の限りを尽くしてあっというまに財産を使い果たします。無一文になって反省し、疲れ果てて帰ってきた弟に対して兄は激怒したものの、父は温かく迎え入れる……という話です。

勤勉な多くの日本人は兄の肩をもつかもしれません。しかし、放蕩息子の弟にも限りない価値があり、父がそれを尊重して兄と同じようにいたわりをもって扱ったことが重要です。父は子にとって神と同じ存在であり、子が悔い改めて帰ってきたときは父である神はいつでも温かく迎えることを示すたとえ話になっているのです。

現代の日本の社会でも、トラブルや間違いを犯した人を許さない傾向があることが気になります。この弟も、財産を使い果たしても悔い改めて帰ってきたのだから、それを認めてやってもいいわけです。

私たちはこの話に大いに学ぶべきだと思うのです。

こんな弟なんか、許してやってはいけない！と思った人は、もしこれが自分だったら、あるいは身近な家族、たとえば自分の子どもがそれをしたらどうするか、そんな自分を自分はどう思うか、ぜひちょっと考えてみてください。家族で話をしてみてもいいかもしれません。

人生は分からないから楽しい

私自身まだまだ道半ばですが、人生というのは本当に不思議なものであり、今の私を昔の自分では想像すらできませんでした。

そう思うと、これからもまだまだどうなるか分かりません。それはとてもワクワクすることです。

そして、これ以上の何かを得ようというのではなく、もっと世の中に還元していきたいという思いが強くなるばかりです。

この本を書くことになったのも、私の経験が誰かの役に立てばという思いがあったからですし、自分自身もまだまだ成長したいと思っています。

親としては子どもたちの成長をこれからも見守りたいですし、彼らの思いを尊重し、役に立つなら自分の経験や考えをどんどん伝えていきたいと思います。

伴侶である妻とは、良いことも悪いことも一緒に経験してきて、ときには傷ついたり、傷つけられたりしたこともありました。でも、お互いに尊重し合い、癒しあいながら、これからもやっていきたいと思っています。

家族と同じくらい大切に感じている職場のスタッフたちとは、患者を治すという一番の目的を共有しているので、ともに切磋琢磨していきたいと感じています。スタッフとは雇用関係でもあるわけですが、経営者である私のほうから職場環境や働きやすい職場づくりを整えていきたいですし、今以上にスタッフも一つの思いで働いて欲しいと思うばかりです。

社会に対しても、そこには同業の医療従事者も含みますが、医療的な知識や技術、あるいは経営のノウハウなど、今の私にできるさまざまなものを還元できればと思います。また、今の時点で具体的なものはありませんが、クリニックの新しい展開や志を同じくする人とともに新しい事業を行うなど、さまざまな可能性を柔軟に、そして積極的に考えていきたいと思っています。

つくづく思うのは、人生は変えられる、ということです。信念をもって飛び込めば多くの祝福が得られるはずです。

また、今は疲れている人、がんばっている人も多いですが、「無理してがんばらなくてもいい」「そのままで大丈夫」ということも改めて伝えたいと思います。

そして多くの人に「自分は愛されている」ことを知ってもらい、「あなたは高価で貴い」という聖書の一節をぜひ心に刻んでもらえたら何よりです。

自分自身を決して貶めず、自分で自分を大切に認めることができたら、自分にしかない才能や使命もきっと見えてくるはずです。

エピローグ

必ずしも「夢」をもたなくていい、というところから始まった本書ですが、あなたの人生に生かせるヒントが見つかったなら幸いです。

今を大事にしながら確信と祝福に満ちた生き方にシフトするために、25のヒントにも共通する、ぜひとも実践していただきたい大事な3つのポイントを最後に改めて伝えたいと思います。

1つめは「目的を意識して生きること」です。

周囲からの評価で自分の価値を確かめようとする必要はありません。絶対的に揺らがない信念や自分なりの「目的」を設定することができたら、自分の中に確かな軸ができます。心がフラフラと迷うことがなくなり、喜びや幸せを感じることができます。すぐにこれだと思えなくても、目的を見つけようと思いながら日々を過ごすだけでも人生は違ってくるはずです。

2つめは「感謝の心をもつこと」です。

人は1人では生きられません。この世に生まれてきた時点で父と母の存在があり、数え切れない人との出会いがあって今があるはずです。

決して難しく考えることはなく、ただありがたいことだと思えばいいのです。自分は多くの人に助けられながら生きていると思うことができたら、自然と人を押しのけて自分だけが得をしようと思う心がなくなり、穏やかで幸せな気持ちになれるでしょう。

3つめは「すべての人に価値があると知ること」です。

もしあなたがリストラや失業の憂き目にあっても、それはあなたの価値とは関係のないこと。あるいは、あなたがどんなに優秀で高い地位や財産をもっていたとしても、あなたがもっているものに価値があるわけではなく、あなた自身にこそ価値があります。

それは赤ちゃんから老人まで、あらゆる人が同じです。みんな祝福とともに生まれてきて、生きているだけで素晴らしい存在です。

ですから、あなたは今のあなたでいい、まずはそれを受け入れることです。

私がこれほどの信仰をもつようになるとは、昔の自分ならきっと信じられないことでした。私がこうした思いをもつようになれたのも、すべて神様のお導きだと思っています。

神様のことを、私たちを守ってくださる大いなる存在として「父なる神」という呼び方をします。考えてみると、私はもともと子どもの頃から自分の父親を尊敬する気持ちが強かったのです。それは今でも同じですが、だからこそ神様がわれわれ人間にとっても父親のような存在であることが理解しやすかったのかもしれません。

しかし、私と同じような考えをもつことがない人でも、なおさら父のような存在に守られ、祝福されることが望外の幸せに感じられるに違いありません。信仰のあり方は人それぞれですが、私が健康で仕事ができ、本を書いて皆さんに届けることができることも、すべてにおいて感謝しかありません。

家族や職員、そしてクリニックに来院してくださる患者の皆様、この本を読んでくれたすべての人に大きな祝福が訪れますように。

２０２１年11月　米田明弘

米田明弘（よねた　あきひろ）
桑園オリーブ皮膚科クリニック院長。
１９９７年に札幌医科大学医学部卒業後、札幌医科大学皮膚科学講座、留萌市立病院皮膚科を経て２００２年に札幌医科大学大学院修了（医学博士）。海外への夢を追いかけて２００３年より米国Wistar研究所に研究留学、留学中にnature誌に研究論文掲載。帰国後、２００７年より札幌医科大学皮膚科教室長、外来医長、病棟医長を歴任し、２０１１年世界皮膚科学会スカラーシップアウォード受賞。２０１１年より札幌医科大学皮膚科講師に従事した後、研究生活に限界を感じ、２０１４年に現クリニック開院に至る。「地域を愛し、地域に愛される」ことを目指す。

本書についての
ご意見・ご感想はコチラ

夢をもたない生き方

二〇二一年十一月二二日　第一刷発行

著　者　米田明弘
発行人　久保田貴幸
発行元　株式会社 幻冬舎メディアコンサルティング
〒一五一-〇〇五一　東京都渋谷区千駄ヶ谷四-九-七
電話　〇三-五四一一-六四四〇（編集）
発売元　株式会社 幻冬舎
〒一五一-〇〇五一　東京都渋谷区千駄ヶ谷四-九-七
電話　〇三-五四一一-六二二二（営業）
印刷・製本　中央精版印刷株式会社
装　丁　竹村明奈

検印廃止

Printed in Japan　ISBN 978-4-344-93664-5 C0095
幻冬舎メディアコンサルティングＨＰ　http://www.gentosha-mc.com/